JN115116

社会保障法へのアプローチ

―方法としての[「ソモソモ」と「深掘り」]―

Hisatsuka junichi

久塚純一［著］

成文堂

目　　次

イントロ
——"「社会保障法ワールド」探検隊"のその後——

〈具体世界〉への再突入？

「ねーおばあちゃん。おじいちゃんおそいねぇ。今日は7月16日、おじいちゃん
　が退職したあとの最初の誕生日でしょ。」

「ねばねばサラダ、アジフライ、カレーライス、赤ワイン、チーズ、豚汁……。
　メールでもくれればいいのにネ、遅くなるってネ。異次元トリップもいいけ
　ど。〈……おかけになった電話は、電波が届かないところにあるか、電源が入っ
　ていないか、……ツー、ツー、ツー〉」

「本屋かなあ。ボランティアかなあ？」

「居酒屋"大将"でハッピーアワーじゃないの。ソレにしても、何か騒がしいわ
　ね。近くにいるんじゃないの？」

〈……ミューン……「&%@#」……ミューン……〉

　7月16日の午後3時ジャスト、おじいちゃんと弟子は、探査機4号"ことば"
に乗り込んだ。ソノ瞬間、見事に、異次元空間に突入したものの、抽象的な〈「社
会保障法」のワールド〉から、具体的な〈「社会保障関係法」のワールド〉への
再突入に難儀していた。瞬間、瞬間に、あっちこっちに迷走しつつの探査である
から、おじいちゃんと弟子は、今の自分たちが、どの次元にいるのかが全く分か
らなくなっていた。入り込んでいったところを、とりあえず、逆に、一つ一つ丁
寧に、元のところに戻ろうとしているのだが、ソレをしたくても抽象度が余りに
も高くて、つかみどころが、まったくない。退職したあとの最初の誕生日だとい
うのに、「具体的な世界」への帰還が困難になっていた。丁度その時……。

（探査機4号"ことば"音声）「次はー、〈第1条　この法律は、労働者又はその
　被扶養者の業務災害……ぷつ—ぷつ—ぷつ——以外の疾病、負傷若しくは死
　亡又は出産に関して保険給付を行い、もって国民の生活の安定と福祉の向上に
　寄与することを目的とする。〉です。座席の安全ベルトをチェックしてくだ
　さい。」

「やった‼ ようやく〈具体世界〉に再突入できそうですね。次の駅は、多分〈社

会保険〉ですよ。」
「今度コソ頼むぞ!! 間違えるなよ!! 今日は7月16日!!」

〈……ミューん……「&%@#」……ミューん……〉

(探査機4号"ことば"音声)「健康を有する文化的な国民は、すべて最低限度の権利で生活を営む。」
「単語はOK。文法的にも何とかOKです。」

〈……ミューん……「&%@#」……ミューん……〉

(探査機4号"ことば"音声)「意図するコトの表現に際して、結果として使用されるコトになる〈語〉と〈配置〉と〈全体性〉の具合」

〈……ミューん……「&%@#」……ミューん……〉

「よーし、いいぞ……」
「隊長!! 画面出ました。[〈語〉とそれらの〈配置〉]〈全体性〉─①です。〈日焼け〉〈スキー場〉〈男性〉〈歯〉〈白〉〈タバコ〉〈歯磨き粉〉です。」
「健康なスポーマンだ、[〈語〉とそれらの〈配置〉]〈全体性〉─①、よし、よし……」

〈……ミューん……「&%@#」……ミューん……〉

「新しい画面が出ました。[〈語〉とそれらの〈配置〉]〈全体性〉─②です。〈日焼け〉〈病院〉〈歯〉〈タバコ〉〈男性〉〈白〉〈歯磨き粉〉です。」
「いいぞ、[〈語〉とそれらの〈配置〉]〈全体性〉の展開が始まったぞ。うまくいった。存在している〈語〉はほぼ一緒。〈配置〉次第で、〈全体性〉─②は入院中の病人のようだ。〈スキー場〉と〈病院〉。意味として生成した[場]によって[関係]が作り出されているのだ。」
「表示画面を見て下さい。かっこいい!!」
「すまん。読んでくれ。つかれた。」
「分かりました。〈構成要件（という関係)〉・〈支給要件（という関係)〉は、〈聞く主体＝語る主体〉・〈前言語〉と関係している。〈状態・関係〉が法的に意味

をもつようになるのは、人々の〈前言語〉＝〈構成要件〉・〈支給要件〉との関係で、〈固有名詞的存在〉が〈普通名詞的存在〉に移行するコトなのである、と書いてあります。」

「かっこいい‼けど、さっぱりわからん……」

「今から、どうするんですか。」

「さぁーて、探査機を移動するぞ」

探査機4号 "ことば" から探査機5号 "[「ソモソモ」と「深掘り」]" へ

「探査機5号への移動、やっぱり、ヤメませんか？探査機4号のママ、ココにいましょうよ。」

「そうしたいのだが、探査機4号は〈抽象世界〉から〈具体世界〉への完全帰還が困難になっている。いっそのこと探査機移動……というわけだ。」

「やけクソですか？」

「いや違う。一度試してみたかったコトだ。」

「あっちの探査機の形、二股みたいで妙ですね。」

「左を見ろ‼〈ソモソモ〉の部分だ。右は〈深掘り〉の部分だ。左右の二つの部分から構成されているのだ。我々は真ん中にいて、両者の間をしょっちゅう、しかも、瞬間的に往復するわけだ。どちらの部分も苦しいぞ。さあて、アームを伸ばせぇー。ソコだっ‼つかめぇ‼よぉしっ‼慎重にひきよせて、移動回廊を設定しろ。」

「えらく簡単ですね。」

「本当はもっと複雑なのだが、"紙幅の関係" と "読者の能力" から、ちゃんと説明できんのだ。」

「念のための命綱は……？」

「ない。そんなモノ着けてても一緒。ソモソモ、最低限確保の状態をキープした冒険なんぞない。やるしかなぁぁい、の……。行くぞ‼」

「隊長‼隊長‼隊長‼せめて導入部分だけでも練習を……。」

「わかった。どっちからだ？」

「左の〈ソモソモ〉からです。」

　二人が乗り移った探査機5号 "[「ソモソモ」と「深掘り」]" の左の部分〈ソモソモ〉で待っていたのは、白壁の〈町家〉が並ぶきれいな町であった。隊長は煙草を取り出すと火をつけた（酸素があるらしい）。ところが、隊長が「灰皿がな

い」という一言を発したコトから事態が急変した。エコーのきいた「卓球」（ピンポーン）という音とともに、〈練習問題①〉という音声が流れ、「灰皿がない？」「灰皿は本当にないのか？」という（声）が聞こえた。隊長は、機内の自動販売機の缶コーヒーを一気に飲み干し、灰皿として使い始めた。「よし!!」という音声の後に、「ソレは、本当に灰皿か？」という（声）が聞こえたのだ。

「む、む、む……。来たなぁ。ココは左側だ。〈ソモソモ〉の部分だ。灰皿がないと言ったわしが悪かった。よっし、灰皿であるためには、〈ソモソモ〉形や原素材は問われない。抽象化された関係だ。だから〈灰皿〉だ。」
（探査機5号"[「ソモソモ」と「深掘り」]"音声）「よし!! では、〈練習問題②〉だ。あなたがなした先ほどの行為について、〈灰皿〉がなかったので、缶コーヒーの空き缶を〈灰皿として〉使ったのではないか、と言われたとすると、どうだ。それでも、ソレは〈灰皿〉か？」
「む、む、む……。来たなぁ。ココは左側だ。〈ソモソモ〉の部分だ。自動販売機の缶コーヒーの空き缶である〈灰皿として使用されたソレ〉は、とにかく〈ソレ〉なのだ。」

〈……ミューん……「&%@#」……ミューん……〉

（探査機5号"[「ソモソモ」と「深掘り」]"音声）「一応、なんとなく、よし!! では、次。〈練習問題③〉だ。〈ソレは灰皿です〉と〈灰皿はソレです〉との区別を素人が分かるようにしてみろ!!」
「待ってました。そこのスイッチを頼む。おい、そこ……〈ソモソモ〉と〈深掘り〉の瞬間的往来って書いてあるリモコンスイッチ。」
「はい!!」
「ON!!」
「はい!!」

〈……ミューん……「&%@#」……ミューん……〉

「〈深掘り〉モードにきたぞ。〈特定されたソレ〉、すなわち、〈[ソレ以外のモノ]ではないソレ〉は灰皿です、という場合の〈ソレ〉と〈灰皿〉との関係は、〈眼前の具体的なモノ〉と〈抽象化されたモノ〉との関係なので、〈灰皿はソレです〉に見られる〈ソレ〉とはシニフィアンは同じではあるものの……。まて

よ、これは〈深掘り〉モードみたいだけど、ひょっとしたら、〈深掘り〉〈ソモソモ〉の瞬間的往復、あれかぁ？ J.L. オースティン〈言語と行為〉かぁ？」

「そうですよ。隊長。聞かれているのはシニフィアンだけですよ。どうして隊長は、聞かれていないところまで……」

「違う!! シニフィアンだけということはありえない!! シニフィエの争奪戦だ。工具の総動員だ。工具リスト〈あいうえお順〉を用意しろ。まずは、〈ウィトゲン・シュタイン〉だな。そして、次が〈オースティン〉で、〈クリスティヴァ〉〈クワイン〉〈ソシュール〉〈チョムスキー〉〈ベンヤミン〉〈三浦つとむ〉〈ミシェル・フーコー〉〈ラカン〉〈ロラン・バルト〉まで。今日は7月16日。わしの誕生日に、いったい、どの工具が働いてくれるのか。」

（探査機5号 "[「ソモソモ」と「深掘り」]" 音声）「隊長とやら、いい感じになってきたな。ソノ工具、みんな友達？ それにしても、そうとうバラバラだなー。では、試しに、〈ソレは灰皿です〉が解答になる疑問文と〈灰皿はソレです〉が解答になる疑問文を作ってみろ!!」

「〈ソレは灰皿ですか？ もしくは、ソレは何ですか？〉と〈どれが灰皿ですか？〉だ」

「隊長スゴイ!! わからん罰点、すごかー」

「スゴイ!! かどうかは分からん。自然にそうなってしまうのだ」

（探査機5号 "[「ソモソモ」と「深掘り」]" 音声）「では、〈灰皿はありますか？〉という質問に対して、何と答える？」

「〈はい、あります〉。もしくは、〈いいえ、ありません〉だ。」

（探査機5号 "[「ソモソモ」と「深掘り」]" 音声）「やっぱり甘いな。〈ココは、禁煙です〉だ。カフェに入って、質問として、〈灰皿はありますか？〉は、〈たばこを吸ってもいいですか？〉という意味を発生させるのだ。」

「ひっかかってしまったわい。確かに……。」

「そうすると、［わたしたちの「枠組み」によって表現されてしまう「対象」］と［システムとしてすでに存在しているモノとしての「対象」］というコトですか？」

「よくわからんが、そうかもしれんな。」

探査機5号 "[「ソモソモ」と「深掘り」]" 内での出来事

　練習とやらを終え、隊長だけは、ようやく、うっすら、何かに気がつき始めていた。ソレは、探査機5号 "[「ソモソモ」と「深掘り」]" での工程が、幾つかは

分からないが、複数の部分から構成されているのではないか、というコトであった。

「あっ、そうか……。」
「どうかしたのですか？」
「分からんと？（＝理解できないのですか？）」
「はい。」
「なし（＝何故）、分からんと？（＝理解できないのですか？）」
「分からないコトが何なのか、というコトが分からないからです。」
「ソコタイ（＝ソコです）。分からんコトが何なのかを分かる方法ば説明しちゃる
　けん（＝方法を説明をしてあげますから）。まず、ナンバわかろうとしよるか
　（＝何を分かろうとしているのか）たい（＝です）。そして、分かろうとしよる
　もんを作っとる理屈げなもん（＝分かろうとしているモノを作っている理屈の
　ようなモノ）やろ（＝でしょ）。次が〈分類・整序〉で、〈解釈・理解・価値評
　価〉と〈説明・表現・技術〉たい（＝です）。」
「すごいですね。」
「大したコトなか（＝大したコトではありません）。毎日の生活ば見てみんね（＝
　毎日の生活をみてみなさい）。こげなもんたい（＝このようなモノです）。」

　ということで、探査機５号"[「ソモソモ」と「深掘り」]"の中での格闘が始
まった。ソノ格闘は、いったい、どのようなモノであったのか。ソレを知りたい
方は、『この本』の第一部からじっくり読んでほしい。

　（注）気がつかれた方はほとんどおられないコトと思いますが、五冊目のイン
　　　　トロ部分は四冊目の『「ことば」と「社会保障法」』（成文堂・2018 年）
　　　　のエピローグ部分からの「続き」となっています。

『この本』の「狙い」と「全体像」

『この本』の「狙い」

　『この本』で設定されている「問い」は、タイトルからすれば、〈「社会保障法」とはどのようなモノなのか〉という「問い」のように感じるかもしれない。しかし、読んでいただければわかるように、実際には、そのような「問い」とは少し次元の異なる「問い」が設定されている。設定された「問い」は、〈[「社会保障法」と称されているモノ]を、わたしたちが、どのようなモノとして取り扱っているのか〉というようなモノである。ソノ意味で、『この本』は、〈「社会保障法」とはどのようなモノなのか〉という「問い」を立てて、計算の答えのような「直接的な答え」を出すモノではない。

　では、なぜこのようなテーマ設定になったのか。少し経緯を辿ってみよう。まず、『「考え方」で考える社会保障法』（成文堂 2015 年）では、所与のモノとしての「社会保障に関係する様々な法現象」を素材にして、「できごと（＝どのような場合に）」や「主体（＝誰が）」を手掛かりにして、「社会保障法」について様々な「考え方」が成り立つコトを提示した。そして、『「ありよう」で捉える社会保障法』（成文堂 2016 年）では、「近代市民法」との対比を念頭に、「責任」や「意思」を手掛かりにして、「社会保障法」というモノが法的にどのような独自の「ありよう」で現象しているのか？というコトを表現するコトに意を注いだ。さらに、『「議事録」で読む社会保障の「法的姿」』（成文堂 2017 年）では、明治期以降の議事録を手掛かりにして、どのように語られた結果として、「社会保障に関する法律」がソノ「姿」を現すコトになったのか、というコトを描くコトを試みた。シリーズの四冊目となる『「ことば」と「社会保障法」』（成文堂 2018 年）では、「社会保障法」についての私たち

の研究に見られる不十分性が「ことば」と関係しているのではないか、というコトを念頭に置いて、[[「ことば」というモノ]を手掛かりにして「社会保障法」に接近した。そのような経緯との関係で、五冊目が、冒頭で述べたようなモノとなったのである。五冊目の背景にあるモノは、四冊目までと同様に、[[「社会保障法」についての研究]がこのようにあってほしいという気持ちである。ソレは、決して、「社会保障法」がこのようにあってほしいという気持ちではない。

　述べてきたコトについての誤解をさけるため、もう少しだけ奥に入って述べるとしよう。ココでの「問い」は、〈[[「社会保障法」とはどのようなモノなのか]というコトについて考えるというコトは、いったい、どのようなコトとして存在しているのか〉というモノである。コノ「問い」は、よくなされている[[「社会保障法」とはどのようなモノなのか]という「問い」とは異なる「問い」である。[[「社会保障法」とはどのようなモノなのか]という「問い」を設定して、それに素直にチャレンジすればよいではないか、というコトになりそうだが、[[「社会保障法」とはどのようなモノなのか]という「問い」は、「考える対象」としてあるというよりは、「どのようなモノなのか」に対しての、「このようなモノである」の部分に該当するモノを、一定の手順によって手に入れる「問題」という次元のモノとしてある。〈[[「2＋2」とは幾らになるモノなのか]というコトについて考えるというコトは、いったい、どのようなコトとして存在しているのか〉という「問い」は、[[「2＋2」とは幾らになるモノなのか]という具体性に満ちた「問い」とは、明らかに異なる「問い」である。「問い」を[[「社会保障法」とはどのようなモノなのか]とした場合、前面に出てくるコトになる「社会保障法」は、未だ、明示的に表出してはいないものの、何らかの手法によって確定可能な、既に与えられた「モノ」としてあり、[[「答え」としての「このようなモノ]」に対応するモノとしてある。「どのようなモノなのか」という「問い」に対して、手に入れるコトを期待されているモノは、言ってし

まえば、[「2＋2という計算」の「結果」]というようなモノである。すなわち、「どのようなモノなのか」という「問い」の求めているモノは、「考察する」というモノではなく、①条文をどう読むか、②経緯をどう捉えるか、③判決をどう読むかというような、何らかの手順に従った一定の手続の実践を求めるモノで、まるで面倒な計算問題のようなモノである。ソレとの関係でいうなら、〈[「社会保障法」とはどのようなモノなのか]というコトについて考えるというコトは、いったい、どのようなコトとして存在しているのか〉という「問い」は、〈「社会保障法というモノ」を[「問い」の「対象」]として設定するというコト自体〉を[「問い」の「対象」]とする「問い」である。

　このようなコトを念頭に、『この本』では、[「社会保障法について考察するというコト」（ソレ自体）]を題材としている。

　いつものようにコーヒーを飲みながら、パソコンの前で、[ソモソモ、「社会保障法」って、いったい、なんだろう]というようなことに思いを巡らせていた。確かに、一貫して「ソレ」について思いを巡らせているはずなのだが、気づいてみると、「ボワーンとした状態」になっており、道のないような空間に入り込んだようになって、[ソモソモ、考えようとしているコト＝「対象」＝は、一体何なのか]という状態なっている自分に気が付いた。ソモソモ、出発地点での「問い」は、[[「社会保障法」って、いったい、なんだろう]という「問い」であったはずなのに、止まってしまったコノ地点で私が抱えている「問い」は、[[「考えようとしているコト」は、いったい、何なのか]となってしまっており、[「社会保障法」って、いったい、なんだろう]という「問い」ではなくなっている。傍目には「だめだなぁー」なんて言われるコノ状態は、「考察するという営み」に不可欠な[考察される「対象となる問い」（それ自体）]が確定していない、というコトと関係している。「問い」の内容が不明確である場合、設定した「問い」は「問いA」であると、出発地点でいくら頑張って宣言しても、考察の「対象」とされているモ

ノは、場面、場面で、「問い A」ではなく、「問い甲」や「問い乙」であるというコトになってしまうコトもある。気がつくと、設定した「問い」は何だったのだろうというコトになってしまい、場合によっては、「対象（というモノ）」の「明確性（というコト）」とは、一体、どのような状態のコトをいうのであろうか、というコトになる。ぼんやりとしたママで立ち止まった私の前に、二つの道が現れる。

　ひとつの道は、止まってしまった私からすれば、先ほどの地点から道を少しさかのぼるような道である。［ひょっとしたら、「問い」の立て方を間違えたのかもしれないヨ。コノママ進むのは危険だヨ。］と、立ち止まった私にささやきかける。コレは、［「何かについて考える」というコトは、一体どういうコトとして存在しているのか］という具合に、「問い」というモノ、ソレ自体を「問い」として「設定」するというモノで、「ソモソモ」というような道である。誘いに乗って道を少しさかのぼると、①「対象」とは？②「論理」とは？③「分類・整序」とは？④「解釈・理解・価値評価」とは？⑤「説明・表現・技術」とは？等など、［「問い」というモノ、ソレ自体に関わる「問い」］が、「関門」として立ちはだかっている。

　もう一つの道は、「社会保障法について考察するといっているのだから、社会保障法について考察するのに決まっているではないか」とばかりに、「当初の地点」に踏みとどまり、さらに、ソレを「深掘り」してゆくコトを私に勧める。コレはコレでよく通る道である。とはいっても、この道の先には、［だから……そうはいっても、何らかの形で存在している、手掛かりとしての具体的な「対象」があるでしょ!!］という「ヒントのような誘惑」が待ち受けている。結果として、［「問い」の「対象」］となるモノは何らかの形で具体的に存在しているモノを手掛かりにすれば見つかるのではないか、というところに突き進んでゆくコトになる。「そうか、わかった。法律だ、条文だ、判決だ。」として、ソノ直後、「具体的に存在しているモノ」である［「生活保護法」を「問い」

の「対象」として考察するコト］に突き進んだ。そうすると、［「社会保障法」について考察するというコト］という、［「問い」の「対象」］であったはずの当初のモノが、［「生活保護法」について考察するというコト］に「姿」を変えてしまった。注意しなければならないコトは、コノ道を選んでしまうと、［「ソコにとどまれないコト」になっているコト］についてである。皆さんの想像している通り、［「生活保護法」について考察するというコト］とは、「具体的に存在している何か」を手掛かりとして考察するというコト、という具合に再移行し、「その具体的に存在している何か」とは何であろうかという「問い」が、更に出てくるコトになる。ソノ直後、「そうだ。判決だ。」というように、よく通るコノ道は、［ソノ時点で「対象」となっているモノ］の「中身を構成しているモノ」はコレではないかという具合に、考察している者が思い付いた「次なる対象」を手掛かりにして、順次、奥に入ってゆくというようなモノである。コノ二つ目の道での「深掘り」作業は危険である。なぜなら、二つ目の道は、具体的な「答え（らしきモノ）」が見つかったような気にさせるからである。運よく、「答え（らしきモノ）」が見つかったように感じられる状態になったとしても、ソコで生じているコトは、「深掘り」作業の対象となった［当初の「ことば＝２＋２」］を、［答え（らしきモノ）を表現する「ことば＝４」］に置き換えただけという「結果」である。［「結果」としての「ことば＝４」］は、次の地点で、想像通り、［答え（らしきモノ）を表現する「ことば＝１＋１＋１＋１」］に置き換えられる。すなわち、［取りあえずの「対象」とされたモノ］の「中身」を構成しているのではないかと思い付いた「何らかの（具体的な）対象」を手掛かりとして、順次、奥に入ってゆくという二つ目の道で実施されているコトは、「考察」というモノではなく「ことばの置き換え作業」の連続である。その意味では、二つ目の道は、一つ目の道とは次元の異なる道なのである。

　これらの二つの道は、正反対の道のように見えるコトもあるし、同じ

ような道に見えるコトもある。同じような道に見える感覚が生じるのは、一つ目の道での「問い」についても、二つ目の道での「深掘り」作業と同様に、「何かしらのところ」に辿り着くコトになるのではないかと感じた結果である。しかし、二つ目の道では、①「対象」とは？②「論理」とは？③「分類・整序」とは？④「解釈・理解・価値評価」とは？⑤「説明・表現・技術」とは？というようなモノには、辿り着けない。なぜなら、一つ目の道が、「独自の法としての社会保障法」というモノからは独立した、どのような場面でも使用できる、いわば、「方法」というようなモノに関しての道であり、他方、二つ目の道は（確定的な）「答え」らしきモノを探す道であり、それらの二つの道が、両方ともエンドレスに近い道だからである。後に述べるコトになるが、これらの二つの道は、どちらかを選びたいと思っても、どちらかだけを選ぶというコトが出来ない、瞬間、瞬間に、無意識のうちに移動してしまわざるを得ない、そのような道なのである。

　「社会保障法」について「考える」と称して私たちがなしている営みは、ともすれば、[「一定の手順に従って行う」というコト]の再生産となってしまっている。ソノ場合、どうしても、「独自の法としての社会保障法」というコトから意識が逸れてしまう。特に、二つ目の「深掘り」作業に入ってしまうと、ソノ作業のコトばかりが気にかかって、細かいところに入り込んでしまい、「独自の法としての社会保障法」というコトから意識が逸れてしまう。「深掘り」作業であるから、「深掘り」作業がそのようになってしまうコトは仕方がない。ただ、ソコにも宝が埋もれているのだ。だから、「深掘り」作業で、細かいところに入ってしまうコトを意識的に利用して、常に、「独自の法としての社会保障法」というモノに気を配っていると、必ず、「あっ、コレかぁー」というモノが見つかる。指針や通知、会議での委員の発言、更には、議事録のまとめ方等の、多くの人たちがあまり関心を示さない、細かな、そして、具体的な場面に、抽象度の高いモノとしてソレは潜んでいる。振り返る

と、私自身も、慣れ親しんだ二つ目の道を歩んできた。とはいっても、常に、ソモソモという具合に、「独自の法としての社会保障法」に気を配っていた（つもりである）。そうすると、「ひょっとしたら、コレが〈独自の法としての社会保障法〉を具体的に見せているモノなのではないか」というように、当初の［設定した「問い」］に対応する「答え」らしきモノを発見するコトも多かった。ただし、ソレで「終了」というコトではない。

　『この本』の「狙い」は、そのような工程を意識化して、〈[「社会保障法」について「考察するコト」] とは〉というコト、ソレ自体に光を当て、ソコから、何らかの形で、「私たちの方法の姿」を浮かびあがらせるというところにある。

『この本』の「全体像」

　確かに、〈[「社会保障法」について「考察するコト」] とは〉というコト自体に光を当てるというアイデアまではよかったのだが、「全体像」をどのように具体的なモノとするかという難問が立ちはだかっている。『「考え方」で考える社会保障法』（成文堂 2015 年）、『「ありよう」で捉える社会保障法』（成文堂 2016 年）、『「議事録」で読む社会保障の「法的姿」』（成文堂 2017 年）、『「ことば」と「社会保障法」』（成文堂 2018 年）と比べるなら、『この本』での試みはガラッと変わったモノであるように感じるかもしれない。しかし、立ち止まって、もう一度、原点に立ち返ってみると、〈[「社会保障法」について「考察するコト」] とはどのようなモノとして存在しているのか〉というコトに接近する試みという点では一貫性を有しているのである。

　『この本』を手に取った読者の方たちに少しでも私の意図しているコトを理解していただけたらと考え、以下のような構成で「全体」を組み立てるコトとした。果たしてうまくいくか……。

　第 1 部 // アプローチの練習──「社会保障法」を使用しないで「問い」

を続ける——// では、第2部以降に設定された「アプローチの試み」にいきなり突入して混乱が生じるコトがないように、「練習の場」を設けた。

　第2部 //「対象」を手掛かりにした「社会保障法」へのアプローチ——〈わたしたちの「枠組み」によって表現されてしまう「対象」（「ソモソモ」）〉と〈システムとして存在しているモノとして自己規定してしまう「対象」（「深掘り」）〉——// では、①「社会保障法」を探求するわたしたちの「枠組み」によって現れる「対象」と、②わたしたちの「枠組み」によって現れる「対象」からは独立した、システムとして存在しているモノとして自己規定してしまう「対象」を手掛かりに、「社会保障法」へのアプローチを試みるコトとなる。

　第3部 //「論理」を手掛かりにした「社会保障法」へのアプローチ——〈探究する私たちにとっての「論理」（「ソモソモ」）〉と〈「社会保障法」に内在する［「社会保障法」の「論理」］（「深掘り」）〉——// では、①「社会保障法」を探求するにあたってのわたしたちの「論理」と、②「論理」内在的なシステムとしての「社会保障法」を手掛かりにして、「社会保障法」へのアプローチをするコトとなる。

　第4部 //「分類・整序」を手掛かりにした「社会保障法」へのアプローチ——〈探究する私たちにとっての「分類・整序」（「ソモソモ」）〉と〈「社会保障法」によってなされる［「社会保障法」の「分類・整序」］（「深掘り」）〉——// では、①「社会保障法」を探求する私たちによってなされる「分類・整序」と、②システムとしての「社会保障法」自体によってなされる「分類・整序」を手掛かりに「社会保障法」へのアプローチをするコトとなる。

　第5部 //「解釈・理解・価値評価」を手掛かりにした「社会保障法」へのアプローチ——〈探究する私たちにとっての「解釈・理解・価値評価」（「ソモソモ」）〉と〈「社会保障法」によってなされる［「社会保障法」の「解釈・理解・価値評価」］（「深掘り」）〉——// では、①「社会保障法」

を探究する私たちによってなされる「解釈・理解・価値評価」と、②システムとしての「社会保障法」自体によってなされる「解釈・理解・価値評価」を手掛かりに「社会保障法」へのアプローチをするコトとなる。

　第6部 //「説明・表現・技術」を手掛かりにした「社会保障法」へのアプローチ——〈探究する私たちにとっての「説明・表現・技術」(「ソモソモ」)〉と〈「社会保障法」によってなされる[[「社会保障法」の「説明・表現・技術」]](「深掘り」)〉——// では、①「社会保障法」を探究する私たちによってなされる「説明・表現・技術」と、②システムとしての「社会保障法」自体によってなされる「説明・表現・技術」を手掛かりに「社会保障法」へのアプローチをするコトとなる。

『この本』の構成（全6部の全体像）

第1部　アプローチの練習
　　　——「社会保障法」を使用しないで「問い」を続ける——

第2部　「対象」を手掛かりにした「社会保障法」へのアプローチ
　　　——〈わたしたちの「枠組み」によって表現されてしまう「対象」(「ソモソモ」)〉と〈システムとして存在しているモノとして自己規定してしまう「対象」(「深掘り」)〉——

第3部　「論理」を手掛かりにした「社会保障法」へのアプローチ
　　　——〈探究する私たちにとっての「論理」(「ソモソモ」)〉と〈社会保障法」に内在する[[「社会保障法」の「論理」]](「深掘り」)〉——

第4部　「分類・整序」を手掛かりにした「社会保障法」へのアプローチ
　　　——〈探究する私たちにとっての「分類・整序」(「ソモソモ」)〉と〈「社会保障法」によってなされる[[「社会保障法」の「分類・整序」]](「深掘り」)〉——

第5部　「解釈・理解・価値評価」を手掛かりにした「社会保障法」へのアプローチ
　　　——〈探究する私たちにとっての「解釈・理解・価値評価」(「ソモソモ」)〉と〈「社会保障法」によってなされる[[「社会保

アプローチの練習
―「社会保障法」を使用しないで「問い」を続ける―

第1部の全体像

アプローチの練習
——「社会保障法」を使用しないで「問い」を続ける——

第1部では、私たちの日常生活でよく行われている「いくつかのコト」を手掛かりとして、「アプローチをするというコト」の下準備をするコトになる。このような下準備は、探査機5号“[「ソモソモ」と「深掘り」]”によって、『この本』の第2部から第6部までのワールドを旅して無事に帰還するための練習である。

「考えるというコト」を一休みして、「(具体的な)コーヒーを飲んでいる現実の自分のコト」を［あー、「コーヒーというモノ」を飲んでいるなあ］と、ふっと、意識したり、「考えている自分自身のコト」を考えたりというコトはないだろうか。練習といっているけれども、ソレは、このようなコトを「意識的に為す」というようなモノで、何も特別なモノではない。鍵を握っているモノは、あえて言うならば、「意識的に行う」というコトになるだろう。「身体の一部になってしまったような方法」に気づいて、そのような「飼いならされた方法」から離れ、「何」について、「どのように」、「意識的に行う」のか、というコトについて練習するコトになる。

現実の私は、2019年8月5日午後、福岡県八女市の「町家」の奥で、『この本』を執筆している。大げさに言うなら、退職後、「1ページ」も書いていなかった（＝書けていなかった）にもかかわらず、である。ところが、週末から進み始めた。何故だかわからない。ただ言えるコトは、「惰性のように同じところで固まっていたいつもの状態」から「異なるところに来た」のである。月曜日、北九州に戻る前に、朝のごみ出しを終え、掃除を終え、台風8号のコトを考え、雨戸をどうするか、等など。そうした時に姿を消しているのは「五冊目をどうしようか……」であり、代わりに出てきたのは「雨戸をどうするか……」である。「そんなコトは日常のコトでしょ」となりそうであるが、そのよう

になっている自分のコトを意識化するわけである。「何かが進みだした」という時に、いったい、コレは「何がどのように進みだした」のか？という具合に、である。ココでの練習が誰にでも上手くいくかどうかは分からない。ただ言えるコトは、意識化される対象が「今までのコトではない〇〇〇となっている」というコトである。何を「深掘り」したらよいのか分からないママに「深掘り」を続けるのではなく、「ソモソモ」という具合に思考が変化しているコトを意識化する。ソレが大切である。具体的に「雨戸をしめている」ソノ私が、私たちの為してきた「社会保障法研究」とはどのようなモノだったのか？というコトを考えている。ただし、「考えている」と幾ら言い張ったとしても、ソノ時、もし、いつものように同じところをクルクルと回っていたなら、そのような状態は、①考える「対象」が不明確であったり、②考える過程での「論理」が錯綜していたりしているコトと無関係ではない。では、「何か」に接近するとか、「何か」を理解しようとするという場合、ソコでの「何か」というモノは、いったい、どのようなモノとしてあるのであろうか。

　第1部では、①「対象」、②「論理」、③「分類・整序」、④「解釈・理解・価値評価」、⑤「説明・表現・技術」という事柄についてテーマを設定し、それらに関する「問い」が生成するコトになるコトを意識化するという練習に充てられる。

第1部の具体的な構成
第1章　[「対象」に関する「問い」]の生成
第2章　[「論理」に関する「問い」]の生成
第3章　[「分類・整序」に関する「問い」]の生成
第4章　[「解釈・理解・価値評価」に関する「問い」]の生成
第5章　[「説明・表現・技術」に関する「問い」]の生成

[「対象」に関する「問い」]の生成
——（テーマの設定と扱う項目）

テーマの設定

　「△△△について考えるというコト」とは、いったい、どのようなコトなのであろうか。余程しっかりしていないと、「考えるというコト」は、何らかのコトをぼんやり思っているコトと混同されてしまうコトになる。そして、「△△△について」というコトも、それほど意識されてはいない。とはいっても、日常生活では「何らかのコトについて」思いを巡らせているし、「何らかのコトについて」会話はなされている。確かに、「音声」は発せられているのであるが、自分自身がゴチャゴチャになったり、相互の議論がかみ合わなかったりする。ソコでは、「雨が降りそうだ」というような、具体的な「独り言のような発話」が、瞬時に「傘を持っていかなきゃ」という具合に「姿」を現すのである。ソコで生じているコトは「意味」の創出と争奪戦である。そうすると、混乱を避けるためには、「△△△について」の「△△△」の部分は、誰が見ても、誰が聞いても、誰が触っても、同じモノとしてあるというように設定されなければならないモノなのであろうか？コレは複雑である。「△△△について」の「△△△」の部分の生成が、日常生活での楽しさとなったり、苦しみとなったりする。

この章で扱う項目
Ｉ　「△△△について」という場合の「△△△」とは？
Ⅱ　「△△△」に割り当てたいという「欲望」
Ⅲ　「△△△」は共有される？
Ⅳ　[共有される「△△△」]との関係での [△△△にしたい「コト」]
Ⅴ　「△△△について」の「△△△」とはどのように創り出される？

「△△△について」という場合の「△△△」とは？

　例えば「税金」、「メロンパン」、「台風」というような、「考えられたり」「見られたり」するコトになる「何らかのモノ（コト）」のコトを、ココでは「△△△」としておこう。とはいっても、私たちの日常は、「何らかのモノ（コト）」を固定させて、ソレばかりを「考えたり」「見たり」しているわけではない。「特定の△△△」ばかり考えているように感じるコトもあるものの、頭（胸）には、「△△△ No.1」から「△△△ No.1000」……がある。多くは、それぞれの人生経験と重なり合ったモノであろう。というコトで、「税金」のコトばかりを考えていた私は、アイスコーヒーを飲みに税務署に行ってしまった、なんていうコトはあるかもしれない。複数の人がいたなら、もちろん、それらの「△△△ No.1」から「△△△ No.1000」は相互に異なる。まてよ、「アイスコーヒーを飲みに税務署に行ってしまった」となった場合、「アイスコーヒーを飲みに（＝目的）」と「税務署に（＝場所）」のどちらが誤っているのかな。「アイスコーヒーを飲みに（＝目的）」の正当性はどこから出てくるのかな。もし、「税務署に（＝場所）」が正当であれば、「アイスコーヒーを飲みに（＝目的）」が間違っているのではないかな。そのとき「あっ!! 税務署にカフェがあった。……」となってしまうと、ソモソモ、「△△△」とは、一つ一つが独立したモノとしてあるのだろうか、となってしまう。目が覚めているとき、そして、寝ているとき、私の頭（胸）の中の「△△△」とは？どうなっているのだろうか。探しているモノが一つに特定できるモノであればよいのだが。だから、対話は難しい。複数人の議論はもっと難しい。更に、複数人の議論を調整するコトはもっともっと難しい。まてよ。たった一人で考え事をしていても、ひょっとしたら、コレは同じじゃないのか……。

「△△△」に割り当てたいという「欲望」

　「あっ!! 税務署にカフェがあった。……」となれば、71歳の私が「アイスコーヒーを飲み」に、「税務署」に行ったとしても、「間違って」というコトが起こらないのだ。そうか、だから「複合施設」が出来たのだ。「複合施設」では、徘徊といわれそうな外出歩行をしたくても、目的地に行っている外出になってしまうのだ。まてよ、逆ではないか？本人達が、「場所」を、たとえ確定させていたとしていても、「複合施設」では、皆さんが徘徊となってしまうのではないのか。

　コレは実際にあった35年位前のコトです。大学に出かける時、妻が「晩御飯は鍋。メンボウ（＝カワハギ＝）を買ってきてね。」と言ったらしい。聞き取れたのだが、耳がムズムズしていた私は、帰りに「複合施設（スーパー）」で「綿棒」を買って帰宅した。「△△△」に割り当てるべき「メンボウ」が、耳がムズムズしていた私によって「綿棒」となってしまった。「音（MENNBOU）」は一緒。ただし「文字」では異なる。ソノトキの私は、「だって、MENNBOU といったじゃないか!!」とは言わなかったと思う（多分）。ここでの「△△△」は、「メンボウ」と「綿棒」なのだが、音としては同じ「MENNBOU」なのである。だから、二人の間では「音」の奪い合いは生じていない。ソコにいたのは「MENNBOU」に「綿棒」を割り当てたい耳がムズムズしていた「私」である。では、対話で、例えば「台風」というような「△△△」が確定しているように感じるモノだとしたらどうだろう。確かに、ココでの「台風」は、まずは、抽象的な「台風」でしかない。しかし、例えば、「台風といってたけど、台風の名前のコト？」というようなコトが、常に待ち受けている。だから、昨日頂いた［「台風」にお気を付け下さい］という友人からの有難いメールは、私にとっては、近づきつつある［(具体的な)"FRANCISCO"にお気を付け下さい］となってしまう。

「△△△」は共有される？

「△△△」の部分が共有されないと会話も何も進まないよね。わかった‼️ というコトは、日ごろの会話は、「△△△」の部分を、「ぜーんぶ、誰が見ても同じもの」、「ぜーんぶ、誰が聞いても同じ音」になるように表現出来ているから上手くいっているんだね。でも、いちいちそんなコト、考えてるのかな。そうすると、「目の前の一つの（＝共有された）メロンパン」について話している二人は、「どこの会社の」「色」「味」「重さ」「原材料」「原材料の生産地」……までを共有して会話をしているのだろうか。イエイエ、ココで言いたかったコトは、「目の前のメロンパン」というような、ソコにある「具体的なモノ」であっても、「△△△」の部分は共有されにくいというコト、ただそれだけ。だから、「それぞれの頭（胸）の中」で設定される「抽象的なメロンパン」となれば、ソレ以上に、「△△△」の部分は共有されない（のに近い）となりそうだ。では、「二人の目の前に具体的なメロンパン」があるという場合、二人は、ソノ具体的な一つのモノのレベルで留まったママで会話をしているのだろうか。コレについては複雑である。二人は、「それぞれの目の前の具体的な一つのモノ」を見ながらも、相手との会話を進めるために、「それぞれの頭の中で抽象化されたメロンパン」を描きながら「発話」している。コノ場合、Aさんによって「抽象化されたメロンパン」、そして、Bさんによって「抽象化されたメロンパン」は、個々的な「抽象化されたメロンパン」であるにもかかわらず、AさんとBさんは、「頭の中の抽象化されたメロンパンというモノ」を使って、ソコの一つのメロンパンが、あたかも、「頭の中にあるかのように」会話をしている。というコトから、はたして、「△△△」は共有されるの？という問いかけが出てくるコトになる。

[共有される「△△△」] との関係での [△△△にしたい「コト」]

　高校 2 年生のとき、F 君と出会った私の「△△△」は、それまで以上に、ビートルズ、リバプールとなってしまった。そんな私であるから、「勉強」、特に「数学」は「△△△」となり得なかった。しかも、クラス担任の先生は、本人が「胃が痛い」というくらいの「数学」のプロ。エレキ高校生にとっては、ポアンカレなんてどうでもいい。だから、そのクラスの「数学」の時間、「数学」は 10 人位に [共有される「△△△」] ではあったものの、あとの 40 人位にとっては、「数学」は [△△△にしたい「コト」] ではなかったはずだ。そうはいっても、カリキュラムは規則で決められている（＝共有されるべき「△△△」である）ので、10人位の生徒の勝ちなのである。

　数学の試験が予定されていたある日、先生が「テスト勉強してこなかった者、正直に手を挙げて」といった。私は勉強していなかったので、正直に手を挙げてしまった（挙げなくてもよかったのだが）。そしたら、先生が「あんな輩がいるので今日は試験をしない」といって、教室を出て行った。さー、ソレカラが大変。教室では「H 塚のために試験がされなくなった。成績が出ないと大変なコトになる……」というザワザワ。たまらなくなった私は、教室を飛び出て教員室へ。「試験をしてください」と泣きながら先生に頼んだ。

　結局、試験は一週間後に実施されたが、200 点満点の 18 点。「解なし」「＋－ゼロ」で 18 点。ソノ先生は後に大学の教授になった。高校卒業後 35 年の同窓会だっただろうか、当時のエレキバンドの一部再結成。私の席はソノ先生の隣の席だった。先生が大学の教授をしているコトが紹介された後、バンドの紹介。私が「W 大学の教授」というコトも紹介された。先生は私の隣にいるのが辛そうだった。その日、同窓生の「△△△」が共有されて「ビートルズ」となっていた。

「△△△について」の「△△△」とは どのように創り出される？

　ということで、「△△△について」の「△△△」の部分、すなわち、見る「対象」の部分、考える「対象」の部分、がどのようになっているのかという「問い」はとても大切である。ソモソモ、「対象」というモノはどのように創り出されるモノなのであろうか。①〈創り出される以前から存在していたようなモノであっても、気がつかれた結果として「対象」化されるのである〉というふうに思考するのか？あるいは、②〈「対象」化される以前は、そのようなモノは存在していなかった〉というふうに思考するのか？コレが難しいところである。「気がついてみれば、何らかの拍子に現象する」、「気がついてみれば、何らかの拍子に言葉となっている」、というコトであろうから、①であると言えばそうだし、②であると言えばそうだし、というコトになる。ココで大切なコトは、①であるか、②であるか、というコトではなく、①であろうと②であろうと、ソレがどのようなコトであるのかを説明するための経路を身につけるコトである。表現を変えると、「ついつい、自然にしてしまう方法」がどのようなモノであるかを意識化して、ソコから離れるコトを意識化するコトが大切である、というコトになる。ココにあるのは、「ソモソモ」でもあるし、「深掘り」でもあり、それらの瞬間的往復である。そのようなコトは、実際、日常生活でよくなされているコトであるから、ソレを意識化するだけのコトである。自分の位置がどのようなモノかを意識化できていない複数人から成る社会で頻繁に生じるコトは、［議論の「対象」］と「意味」の争奪戦である。そのような争奪戦を見るコトができるのは、「研究の場面」であったり、「メディアの場面」であったりする。［「単なる事実」でしかない（なかった）モノ］が、アル時、［何らかの意味を持った「対象」］として創出されるわけである。

[「論理」に関する「問い」]の生成
——（テーマの設定と扱う項目）

テーマの設定

「演繹法」を手掛かりにして「論理」についての「ヒント」を探してみるコトにした。①公的扶助は税金が財源である（前提）、②生活保護は税金が財源である（前提）、③したがって、生活保護は公的扶助である（結論）としてみた。「前提の部分」も、「結論の部分」も、ソレゾレに誤りはない。「確かに」となりそうだったのだが、「論理」に踏み止まってもう少し試してみた。先ほどのモノは、①AはBである、②CはBである、③したがって、CはAである、という型のモノである。同じ型のモノを使って、そして、「社会保障法」から離れて、①鳥は空を飛ぶ（前提）、②飛行機は空を飛ぶ（前提）、③したがって、飛行機は鳥である（結論）としてみた。「何か」が妙だ。①AはBである、②CはBである、③したがって、CはAである、という型のモノに「何か」があるのではないか。「論理」というコトで重要なコトは、①②③のそれぞれが独立的に正しいというコトではなく、①と②を「前提」とした場合に、「したがって」というコトで、「結論」としての③が導かれるコトになっているかというコトなのだ、というところに辿り着いた。

この章で扱う項目
I 「〇〇〇だから×××なのだ」というコト
II 「答え」が得られたように感じられる状態
III 「前提」と「結論」との関係
IV ［手に入れたい「結論（の内容）」＝確定形］と「論理」
V 手に入った「モノ」とは

「○○○だから×××なのだ」というコト

　「国際関係」についてでも、「自分の健康状態」についてでも、「○○○だから×××なのだ」というような［「原因」と「結果」らしきモノの関係］はどのようにして形成されるのだろうか。ソレが「話し相手」との会話であっても、「自分だけ」での思考でも。「前提」がAというコトであれば、出てくる「結論」は「甲」であるという「形」は、ソレ自体の真偽はともかく、なんとなく落ち着きどころがある。［「A」という「前提」］から、［導かれる「結論」は「甲」である］という具合に、「甲」以外の内容物が入り込む余地がないように、［「A」という「前提」］と［「結論」としての「甲」］の関係が成り立つのであれば、「○○○だから×××なのだ」と納得しなければならないコトになる。というコトは、「気に掛けなければならないコト」は、「○○○だから×××なのだ」というコトが出てくるのは、ソモソモ、どのようなコトを基盤としているのだろう、というコトなのではないか、となってくる。ひょっとしたら、手に入れたい「結論」が事前にあって、その「結論」を得るために、「○○○だから×××なのだ」という説明のための「前提」が設定されるのかもしれない。その場合、〈［「A」という「前提」］と［「結論」としての「甲」］の関係〉を、もっともらしく作ることが出来たらどうだろう。さらに、「つじつま合わせじゃないか」というコトを感じるコトすらできないくらいに、「ソレだから×××なのだな」となってしまったら。まてよ、思い出した、「公的扶助論」担当のアノ先生、「いいですかぁ、生活保護は公的扶助ですよぉ。その理由は……」、「公的扶助というモノの財源は税金です。わかりますか。」、「でぇ、生活保護も財源は税金ですね。」、「だからぁ、生活保護は公的扶助なのです。分かったかな。」と、先週、言ってたな。やられた！アノ「型」だ!!

「答え」が得られたように感じられる状態

　というコトから、「答え」が得られたように感じられる状態は、一瞬かもしれないが、気持ちの落ち着きをもたらすコトとなる。たしかに、「２＋２」の結果は「４」である。ところが、その直後、ごく一部の人の心の中には、「４」という「結果」を得るために「２＋２」という作業が設定されたのではないか、という気持ちがわいてくるコトになる。そのような気持ちの背後では、〈本当に「２＋２」なのかな。「２×２」なのではないのかな。〉というコトがモゾモゾしている。「２＋２」の部分を「自己責任」に置き換えてみたらどうであろうか。「４」＝「貧困」＝を得るために、「自己責任」＝「２＋２」＝が用意されたのではないかというコトになってくる。そうなると、「４」＝「貧困」＝についての感覚は、モトとなる（とされている）[「自己責任」＝「２＋２」＝で説明される事柄]としてソノ「姿」を現した結果というコトとなる。ココにあるのは、表出はしていないものの、実際には機能している「論理」のような、「ソレらしさ」というコトになる。「深掘り」していくなら、私たちの前に「姿」を表わしているモノとは、「前提」であれ、「結論」であれ、個々のソレ自体は、独立的に、そして恣意的に、いくらでも設置可能なモノとしてあるから、そういったコトについての検証は可能なのかというコトになっていく。そうすると、なされなければならないコトとは、「前提」とされているコトは「前提」となりうるモノなのか、というコトについての作業であり、もっともらしく「結論」とされているコトは本当に「結論」なのか、というコトについての作業というコトとなる。そして忘れてならないコトは、「結論」が導き出される過程についての検証である。当然の方法であるというように大手を振っていた方法が、実はそうではなかったというコトになるかもしれない。

「前提」と「結論」との関係

　そうなってくると、[待てよ、「前提」と「結論」との関係とは、ソモソモ、どのような仕組みになっているのか]という具合になってくる。が、しかし、同時に、そのような[「前提」と「結論」との関係とはどのような仕組みになっているのか]というような「問い」を立てるコト自体がおかしなコトなのではないかともなってくる。コノ状態は、「知りたい」というソノ気持ちにさせているコトをうまく説明できない、というコトと関係している。コノ場合、①「どのような仕組み？」という疑問からもう一歩進んで、②「仕組み」があるというコトであれば、[ソノ「仕組み」]を支えている揺るぎない「何か」があるはずだ、という地点にまでいかなければならない。

　複数の「前提」があって「結論」が導きだされる。コノ場合、鍵を握っているのは、個々の「前提」ソレ自体の真偽ではない（もちろん、個々の「前提」それ自体の真偽も気にかかるコトではある）。そして、「結論」自体の真偽でもない。鍵を握っているのは、それらを「前提」とした場合には、「コノ結論」が導き出されるコトになるという、そのような「仕組み」自体である。①幼児は高齢である（前提）、②老人は高齢でない（前提）、③したがって、老人は幼児ではない（結論）、とした場合、「前提」の①と②は正しくないが、「結論」は正しいというモノが出来上がる。コレは、①AはBである。②CはBでない。③従って、BでないCはAではない、という型である。「推論はどうだろう」となると、①[「何があっても、とにかく、幼児は高齢である」というコト]であって、②[「老人は高齢でない」というコト]であるので、③「結論」は[「高齢でない老人は（高齢である）幼児ではない」というコトになってしまう]というモノで、論理的であるというコトになる。

［手に入れたい「結論（の内容）」 ＝確定形］と「論理」

　「深掘り」の過程で、「チョット待て、ソモソモ」という気持ちが頭をもたげてくる。ソノ「ソモソモ」は、①［手に入れたい「結論（の内容）」＝確定形］が大切なコトなのか、それとも、②「前提」、「推論」、「結論」という「仕組み」をルールとしているコトコソがないがしろに出来ないコトなのか、というように迫って来る。設定された何らかの「前提」とは別の次元のモノとして、［何らかの「前提」から、「何か」が導き出されるコトになる］という規則のようなモノは存在している。そして、［手に入れたい「結論（の内容）」＝確定形］と別の次元のモノとして、［何らかの「前提」から、「何か」が導き出されるコトになる］という規則のようなモノは存在している。要するに、［何らかの「前提」から得られた何らかの「結論」］にまつわる「価値あるモノ」は、まずは、①「表現された内容物」というコトになるが、それ以上に価値あるモノは、②「そのような方法が正当であるとする考え方」である。なぜなら、①が、何らかの情報を当てはめた結果として手に入れた具体的なモノであるのに対して、②は、情報が当てはめられるコトになる「型」的なモノであるからである。①が「$6 \times 5 = 30$」であるのに対して、②は「長方形の面積は縦×横によって手に入る」というモノである。ところが、先ほどまでの［「そのような方法が正当であるとする考え方」の有する価値］については、さらに面倒なコトが待ち受けている。ソレは、「縦が6」「横が5」という当てはめが行われる前提となる「具体的な」を巡るモノである。すなわち、「具体的な」モノは、ソモソモ「型的な」方式によって表現できるのかというコトが「問題」として横たわっているのである。ただし、現実の社会では、「型的な」方式によって「具体的」なモノを表現したので、ソレは正当な表現である、とされるコトが多い。

手に入った「モノ」とは

　確認的にいえば、①何らかの「前提とされているコト」から、②「コノ結論」が出てきたという場合、手に入ったモノは、少なくとも、二つある、というコトになる。一つは「具体的なコノ結論」であり、もう一つは、[何らかの「前提」から、「何か」が導き出されるコトになる]という「抽象的な規則のようなモノ」があるのではないか、というモノである。コノ場合、手に入った「規則のようなモノ」ソレ自体は、具体的な様々なコトとは、多分、独立的であり、「良し悪し」や「真偽」というコトとは没交渉的なモノなのであろうというコトになってくる。もう少し述べてみよう。先ほどの「コノ結論」に該当するモノについては、「正しいか？」というような「問い」が成り立つのは、「計算間違いをしていないか？」という次元においてである。ソレに対して、「規則のようなモノ」については、「正しいか？」というような「問い」が成り立つのは、「規則のようなモノそれ自体」が生産される過程という次元においてである。そのような意味で、両者は次元を異にするモノといえる。

　「議論がかみ合わない」と感じる場合、実は、このようなコトが関係しているコトが多い。ソノ場合、大げさに言えば、異なる次元で議論がなされているのである。確かに、「6×5」を実践すれば「30」になるのであるのだが、コノ「6×5」は、同時に、「縦×横によって長方形の面積が手に入るというコト」の具体な場面への当てはめでもある、というところにまでさかのぼるコトも可能なモノなのである。そうすると、具体的な作業の結果として手に入った「コノ結論」も大切ではあるが、ソレ以上に、「規則のようなモノがあるというコト（自体）」についての態度が大切なコトになってくる。そのような意味で、[「論理」に関する「問い」]は極めて重要である。

[「分類・整序」に関する「問い」] の生成
——(テーマの設定と扱う項目)

テーマの設定

　久しぶりに図書館に出かけた。「あっ、コレか……」というような「紙のにおい」「書籍の配置」など、確かに懐かしい。図書館のあとに、近くの古本屋さんに出かけた。親しんできた「紙のにおい」は図書館と同じようなのだが、「書籍の配置」は少し異なる（ように感じた）。退職後の、八女の「町家」での私なりの「書籍の配置」は、図書館のモノとは大きく異なる。ソレを見て、「無茶苦茶な配置だ」と感じる司書さんも多いだろう。要するに、それぞれの場所で、誰かによって為された「分類・整序」の結果は、アル人にとっては大差のないモノとなるかもしれないし、大きく異なるモノとなるのかもしれない、というコトである。ソノ意味では、[「コレ」が「ココ」にあるコト] の説明を、なんとなくではあっても、できそうである。「書棚の一冊の本」は、具体的な「一冊の本」ではあるが、「ソレ」は「全体」の中で意味をもって存在しているのである。「分類・整序」は、[ソコにある「何か」（のコト）] をもっともらしい存在であるかのように見せるコトと、多分、深く関わっているのであろう。

この章で扱う項目
Ⅰ　「コレ」が「ココ」にあるコト
Ⅱ　「位置」の変化
Ⅲ　「コレ」の変容
Ⅳ　[Aさんにとっての「コレ」] と [Bさんにとっての「コレ」]
Ⅴ　「分類・整序」の実施

「コレ」が「ココ」にあるコト

「水の入った紙コップ」は、木曜日の朝、私の車の運転席の左のギアのそばにある。そして、木曜日の夜は、車の中に置かれたママになっているコトが多い。ただ、月曜日には、新しい「水の入った紙コップ」と交換されている。でも、なぜ、「コレ」が「ココ」にあるのだろう。

二十歳を過ぎて、私は、「タバコ」を吸い始めた。事情があって、30歳を少し過ぎて喫煙をしなくなった。その5年後、また吸い始めた。フランスに行く前、同僚の催してくれた「送り出し麻雀」の雰囲気と、フランスに行く「緊張感」に負けて再び吸い始めた。30歳代の後半、寒いパリで、「タバコ」はよく似合う（と思っていた）。ソノ当時は、歩き「タバコ」も、「ポイ捨て」も、一つのファッションのように感じられた。ソレ以降、禁煙席、喫煙席、禁煙車、喫煙ルーム、全面アウト。W大学でも、私の退職した年度で全面アウト。

ということで、[「コレ」が「ココ」にあるコト]となるわけだ。ココでの「コレ」は「水の入った紙コップ」のコトである。我が家は禁煙。私の喫煙は「庭」か、同乗者がいないときの「車内」、友人との「居酒屋の喫煙可席」。そんな中で、「八女」と「北九州」の高速道路の往復運転の連続。一人で乗っているトキの「車」でのリラックスする喫煙。そうなると、高速を走りながらの喫煙まではいいとして、心配は「消す時」である。「車の灰皿」は「灰皿」ではあるものの「消す時」が心配なのである。「灰」や「吸い殻」がシートに落ちたら、ソレコソ、ソレが気になって安全運転が出来なくなる。というコトから、「水の入った紙コップ」は、木曜日の朝、私の車の運転席の左のギアのそばにある。[「コレ」が「ココ」にあるコト]というコトを組み合わせると何かが見えてきそうだ。

「位置」の変化

　では、なぜ、月曜日の午後、新しい「水の入った紙コップ」があるのだろう。というコトは、木曜日の朝の「水の入った紙コップ」はどこにいったのだろう。木曜日の朝の「水の入った紙コップ」の位置は、月曜日の朝には変化している。とはいっても、木曜日の朝の具体的な「水の入った紙コップ」は、位置を変化させてはいるものの、ソレ自体としてみればソレは存在している。ただし、ソレは、月曜日の午後の、新しい「水の入った紙コップ」との関係では、「使用済み」の「水の入った紙コップ」というモノとなっている。位置の変わった木曜日の朝の「水の入った紙コップ」は、月曜日の「ごみの日」に合わせて、(燃えない状態の「水の入った紙コップ」として)「一般ごみのごみ袋」に入れられている。同じ「水の入った紙コップ」なのに、アルときは「車の灰皿」として「車」の中でソレナリノ位置で、また、アルときは「一般ごみのごみ袋」の中にソレナリノ位置で。「タバコの燃えカスと水の入ったソレ」は、「カン・ビン」などとは別の、燃やすコトが出来るゴミとして「一般ごみのごみ袋」の中にソノ位置があるのだ。

　では、「グループごと」に分けたり、「順番どおり」に並べたり、という、日常なしているコトが、「うまく出来たように」見えたり、「無茶苦茶のように」見えたりするのは、何故なのだろうか。もっというなら、Aさんには「うまく出来たように」見えた事態が、Bさんには「無茶苦茶のように」見えたりするのは、何故なのだろうか。ひょっとしたら、「ことば」としての「「灰皿」と「灰皿として」」というようなコトにヒントがあるのかもしれない。あるいは、誰が見ても「同じ△△△」に見えてしまうコト、というコトに何かが潜んでいるのかもしれない。

「コレ」の変容

　すごく眠たい。というコトで、近くの自販機で「缶コーヒー」を買っ
た。飲んだ。そうしたら「空っぽの缶」が残った。現にあるモノは
「空っぽの缶」なのだが、以前の状態を知っている人には、目の前にあ
る「空っぽの缶」は飲まれた「缶コーヒーの空き缶」でもある。という
コトは、コレを巡る［「過去完了？過去進行？」と「現在」］というよう
なコトになりそうである。が、しかし、「缶コーヒー」を飲んだ私が、
「缶コーヒー用の缶」を作っている工場の社員だった場合、ソレ以上に
深刻なコトが待ち受けている。ソノ私にとっては、目の前にある「空っ
ぽの缶」は、「私の会社でつくった缶」に「コーヒー」を入れ、「中身が
飲まれた」結果としての、「再利用される（可能性のある）モノ」であ
る。ココまでくると、先ほどの［「過去完了？過去進行？」と「現在」］
どころか、［「大過去？」「過去完了？過去進行？」と「現在」と「未来」］
というコトにもなってくる。なぜなら、「再利用される」というコトは
「空っぽの缶」の「未来」の姿を知っているというコトだからだ。そう
すると、よくわからないけど、現在の状態をさかのぼって、［「分子」
「原子」「ブラックホール」］というコトになってしまうのだろうか。そん
なコトはない‼それは、ハンドルの切り損ねだ、多分。ココでの流
れは、以下のようなモノだ。すなわち、私にとっての、目の前にある
「空っぽの缶」が、私以外の人にとっても同じ「△△△として」ある、
というコトは確約できるモノではない、という方向への流れだ。さら
に、ココに「複数のモノ」、「複数の場」、「複数の人」、「複数の時間」等
などが関わってくる。というコトは、「△△△として」を介して、［「コ
レ」の変容のようなコト］が生成し、同時に、「△△△として」を介し
て、［「コレ」の変容でないようなコト］が生成しているというコトにな
る。

［Aさんにとっての「コレ」］と ［Bさんにとっての「コレ」］

「コレ」とは、「ソモソモ」何なのであろうか。

ちっちゃな子ども二人が「一つのコレ」を奪い合っている。双方の関係者が「ヤメなさい。もうひとつあるでしょ」と言っている。奪い合っているコノ緊張するシーンは、「すごいコト」を教えてくれる。「複数のモノ」、「複数の場」、「複数の人」、「複数の時間」等などは、コレに関係していそうだ。例えば、①［奪い合いの対象となっている「コレ」］と、②［「もうひとつ」あるでしょ］は、まさに、「具体的な一つのコレ」と「具体的な複数のモノ」を巡る関係である。さらに、③「双方の関係者」による［「もうひとつ」あるでしょ］は、「同じ形をしている異なる具体的な物体」を、「双方の関係者」が抽象化して「コレ」にしているわけだ。

次は大学生の話。Aさんは「甲というタイトルの教科書」を持っていた。そしてBさんも「甲というタイトルの教科書」を持っていた。AさんもBさんも期末試験が終わった。Aさんは「甲というタイトルの教科書」を「資源ゴミとして出される本の山」に重ねた（残念……）。Bさんは「甲というタイトルの教科書」を本棚の「法律関係の本」のそばに入れた（ウレシイ!!）。期末試験の時には抽象度の高かった［同じ位置関係にあった（二冊の）「甲というタイトルの教科書」］が、期末試験の終了後は、［異なる位置関係にある（二冊の）「甲というタイトルの二種類の（?）モノ」］となってしまった。行先を分岐させるにあたっての基準とは、「ソモソモ」何なのかというコトが、ココにはテーマとして横たわっている。さらに、［基準とは、「ソモソモ」何なのか］というコト以上に気に掛けなければならないコトがある。すなわち、ソレは、ソレがどのようなモノであるとしても、ソレとは独立したモノとしての、［「基準というモノがある」というコト］についてである。

「分類・整序」の実施

　「居酒屋」での久しぶりの暑気払い。18時の待ち合わせ場所は本屋だ。文庫本コーナーから雑誌コーナーを一回りして、「まてよ……」となった私。雑誌コーナーの雑誌はジャンル別の関係で配置されているのに対して、ある会社の文庫本は著者名の五十音順の関係で配置されている。そんなコトで「まてよ……」はないだろう、となりそうだが、探している文庫本がどのようなモノかは覚えているものの、「著者の名前」と「タイトル」を思い出せないのだ。目録、検索機があるではないかとなりそうだが、「著者の名前」と「タイトル」を思い出せない私にはあまり役に立たない。

　退職後、福岡県八女市の白壁の町家にたくさんの本を持ち込んだ。その中には、もちろんフランスの雑誌もある。2019年4月以降、骨董品屋さんのサービスで大きな本箱を入れ込み、本棚もたくさん作ってもらった。五か月かかっての「分類・整序」の実施である。なされた結果の素晴らしさは、訪ねて来ていただければ一目了然である（成文堂の社長さんは既に来訪済みデス）。たった一冊しかない［哺乳類の「分類」についての本］が、なんと、現象学や言語学の本の中に位置を占めているのだ（本当です）。なんとも素晴らしい配架なのだ。どうして？なんて聞かないでください。かつては、ソノそばにアナトミーも並べられていたのです。配架を見ただけで、コノ私の方法がどのようなモノか見破られそうである。もっというなら、配架を見てしまったばかりに、あなたの思考方法が「久塚」化してしまうコトがあるかもしれない。というコトから、ソコにある、たった一冊の（具体的な）［哺乳類の「分類」についての本］は、ソノ「本の内容」の素晴らしさとは別に、全体の中に位置を有し、全体の構成に係るという、素晴らしい役割を果たしているのである。

［「解釈・理解・価値評価」に関する「問い」］の生成
——（テーマの設定と扱う項目）

テーマの設定

　「書かれた文章」、「発せられた音声」等など、私の外側にある具体的なモノを、あたかも私のモノであるかのように理解してしまう。だから、「届いたメール」、「二人きりの時の言葉」について、一般化を試みて、一体「どういうコトなのか」となってしまう。「台風は大丈夫でしょうか？」という、「客観的な事実」についての表現でしかない文字を、「安否確認」以上のコトのように……。待てよ……。役所からの「台風は大丈夫でしょうか？」についても同じなのであろうか。同じなのだ。ココで「同じなのだ」といったのは、「メール」を受け取った人の気持ちの現れ方のコトではない。「書かれた文章」、「発せられた音声」等などについては、「そのようなコトが生じる」コトになるという意味で、「同じなのだ」といったのである。存在するのは、①「書かれた文章」、「発せられた音声」等などであり、②それらを読んだり聞いたりする「私」である。ネットの時代となり、「ヒト」と「ヒト」の距離は近くなるどころか、ますます遠くなってきた。「届いた具体的なメール」をどのようなモノとして理解すべきなのか。怖くなって、返事も出せない、なんてコトになっていないだろうか。

この章で扱う項目
Ⅰ　「ある人からの文字の書かれた紙」が届けられた
Ⅱ　「法律の条文の書かれた紙」が届けられた
Ⅲ　［「語」と「条文」と「ある人からの文字の書かれた紙」
Ⅳ　関係づけられ、解釈される「対象物」
Ⅴ　「解釈」の余地のない‼「△△△」

「ある人からの文字の書かれた紙」が届けられた

　例えば、「佳境に入ったという意味はどういう意味で使われたのか教えてください。」（蓮舫氏発言）（［016/267］193-参-予算委員会-18号 平成29年05月09日……国会会議録検索システム http://kokkai.ndl.go.jp/2018年1月17日アクセス）という、議事録に残された「文字」は、はたして、［「どのようなコトなのか」というコト］を私たちに「理解」させるようなモノなのであろうか。訳のわからない前振りで申し訳ありません。

　「ある人からの文字の書かれた紙」が届けられた。コノ場合の、受取人にとっての「ある人」、「文字」、「紙」、というような事柄は、まずは、［「書いた人」の書きたかったコト］とは独立的なコトとして存在している。そうすると、最近もらった「ある人からの文字の書かれたメール」はどうであろう。ココにあるモノは、「画面の文字」であるが、もちろん、この場合も、受取人にとっての「文体」、「差出人との関係」等などは、［メールを「送った人」の書きたかったコト］とは独立的なコトとして存在している。そうすると、受取人にとっての、意味を知りたいと感じてしまった「対象物」は、まずは、双方の想いとは別に、何らかの形で表現された「ソレ自体として」独立的に存在しているというコトになる。従って、もし、ココで、「どういうコト？」という「問い」が受取人に生じたとしたら、ソレは、［「何」を知りたいのか？］という受取人の「問い」との関係で存在しているというコトになる。しかし、ソレ以上に厄介なコトがある。みなさんが想像しているように、ソレは、①「何らかの対象物」を表現する方法はルール化されているのか、というコトであり、②全ての人がソレを順守しているのか、というコトである。さらには、③「何らかの対象物」は、誰にとっても同じモノとして現象するモノなのか、というコトである。

「法律の条文の書かれた紙」が届けられた

　「法律の条文の書かれた紙」（六法全書）＝「ある対象物」＝が届けられたので、パラパラとめくってみた。法改正のあった部分を読んだ私に生じている「どういうコト？」という「問い」は、「ある人からの文字の書かれた紙」を読んだ私に生じている「どういうコト？」という「問い」とは異なるモノなのであろうか。①分かりたいと思っている事柄が、なんとなく異なっているような感じなので異なるモノである。②私に生じているコトは、両方とも「どういうコト？」となっているので同じコトである。果たして、①か②か。前者の言わんとするコトは、「どういうコト？」という同様の表現になっているけれども、「分かりたい」という状態にさせている理解不能な「対象」の位相は異なる、というコトである。換言すれば、「ある人からの文字の書かれた紙」とは違って、「法律の条文の書かれた紙」（六法全書）の場合、「誰が読んでも同じ内容物」となるように、システムとしての関係が保証されているというコトが前提的にあるのではないか、というコトである。コノ場合、「どういうコト？」となってしまったら、ソレは、読んだヒトの能力の問題とされる。というコトから、保証されているシステムを活用できるように（＝複雑な計算問題の「答え」を手に入れるコトが出来るように）、練習する方法も作り出されている。法学部のシステムは、まさにそのようなモノである。「誰が読んでも同じ内容物」となるように作られているモノなので、皆とは異なるように理解するほうがダメなのである。

　一方に、ラブレターの往復のような、「書き手」にも、「読み手」にも、双方ともに許された幅のあるようなシステムがあり、他方には、幅のあるようなコトが許されないシステムの下に成り立っている「法律の条文の書かれた紙」がある、というコトなのだ。

［「語」と「条文」］と
「ある人からの文字の書かれた紙」

　そうなると、［「語」と「条文」］＝（六法全書）と「ある人からの文字の書かれた紙」についての位相を「深掘り」したくなってくる。「誰が読んでも同じ内容物となるコトを求められている条文」は、「語」を組み合わせた結果としての文章＝条文＝を一つの「名詞」のようにしているのではないか。ソレに対してして、「ある人からの文字の書かれた紙」は、確定不可能な「形容詞」のようなモノであり、「場面に応じて異なる内容物となるモノ」というコトになってくる。では、次のコトはどうだろう。私の手元には、①ある人からの［「療養」生活大変でしょうね。私は「疾病」「負傷」から遠い生活でした。ただ、「被保険者」としての「給付」があるので、お金の心配はあまりないでしょうね。……と書かれた紙］がある。そして、私の手元には、②「被保険者の疾病又は負傷に関しては、次に掲げる療養の給付を行う」（健保法63条）というコトが書かれた紙がある。両方とも共通の複数の「語」＝「被保険者」「疾病」「負傷」「療養」「給付」＝を組み合わせた文章であるが、両者の関係はどうであろうか。前者の文章は、「被保険者」「疾病」「負傷」「療養」「給付」という、それぞれの「語」が独立した意味を持っている「名詞」の群から構成され、多分、個々の「語」が意味の有効性を保って残存しているように思われる。ソレに対して、後者の文章は、全体としての意味が前面に出て、結果として、「被保険者」「疾病」「負傷」「療養」「給付」という、個々の「語」の意味を弱化させているように思われる。ある対象物について、「どういうコトなのだろう」と感じたり、「あっ、分かった」となったりするのは、①「単語」の「意味」、②「単語」を組み合わせた「文章」の意味、③「文章」を組み合わせた「全体」の意味、というコトの相互関係と深く関わっているというコトになりそうである。

関係づけられ、解釈される「対象物」

　「アレかもしれない」し、「コレかもしれない」というような具合に、「アル対象物」が幅を持ったコトを派生させるコトもある。というコトは、「対象物ソノママの次元」の下に「意味の次元」が大きく横たわっており、常に作用しあっているのではないか、となってくる。そうはいっても、ひょっとしたら、ソレは、[「一体、どういうコトなのだろうと感じられる対象物」のママの、幅のない「ただのソレ」]としても存在するのかもしれない、とも思ってしまう。硬い表現に直せば、[解釈される「対象物」]とは、[[「対象物」のママ、ソレとして]]存在するモノではないのだろう、というコトになる。なぜこのようなコトを考えているかというと、「法律の条文の書かれた紙」（＝六法全書）の条文＝「ある対象物」＝は、「アレかもしれない」し、「コレかもしれない」というコトを生じさせないシステムとして存在しているコトになっているからである。そのような「法律の条文の書かれた紙」（六法全書）の条文＝「ある対象物」＝であるから、もし、ソレを「一体どういうコトなのだろうと感じられる対象物」としてしまったら、そのようにしてしまった「主体」は、ソレコソ、能力不足と判断されるだけである。言い換えると、「法律の条文の書かれた紙」（＝六法全書）の条文＝「ある対象物」＝は、「一体どういうコトなのだろうと感じられるコト」が、たとえ、生じるコトがあるとしても、[[「一体どういうコトなのだろうと感じられる対象物」の次元のママの幅のない「ただのソレ」]]にとどまっているモノなのである。「法律の条文の書かれた紙」（＝六法全書）の条文は、「対象物」を作った側からすれば、内容が正当か否かは別として、システムとしては、「一体どういうコトなのだろうと感じられる対象物」になってはならないモノなのである。

「解釈」の余地のない‼「△△△」

　というわけで、いわゆる［「解釈」の余地のない‼「△△△」］（「△△△」は「対象」）というコトについて考えるコトになる。［「解釈」の余地のない‼「△△△」］というコトが成立するのは、内容が正当であるかどうかは別にして、［「△△△」については「誰でもが同じことを」思う］という「結果」をもたらすというコトが「期待」されているからである。では、何故、「結果」を「期待」出来るのであろうか。ココでは、狭い意味での科学の話をしているのではない。ココでのテーマは、「対象」についての「解釈・理解」というコトが、どのような「形」で存在しているのかというコトについてである。見てきたように、「ある人からの文字の書かれた紙」であれ、「ある人からの文字の書かれたメール」であれ、それらは、まずは、ソレ自体として、［誰にとってでも、一つの同じ「対象」］としてあるが、同時に、それらは、異なる「意味内容」を発生させる＝［「解釈」の余地のある‼「△△△」］＝モノでもあるのである。そのような中での、［「解釈」の余地のない‼「△△△」］というコトであるから、ソレについては、①複数の人（＝「Ａさん」、「Ｂさん」等など）、②［一つの同じ「対象」］、③「意味内容」、を使用して説明できるのではないだろうか。ソノためには、「対象」が［「解釈」の余地のある「対象」］となる契機を探らなければならない。そして、ソレをうまく「否定形」に変化させるコトが出来れば、なんとなく形は見えてくる。「対象」が［「解釈」の余地のある「対象」］となる契機は、［一つの同じ「対象」］への、「好き嫌い」や「価値」のような「付着物」の付加にある。もちろん、「好き嫌い」や「価値」のような「付着物」についても、さらに付加されるコトになる「関係的な何か」があり、それらは、幾重にも階層化している。

[「説明・表現・技術」に関する「問い」] の生成
——(テーマの設定と扱う項目)

テーマの設定

「△△△」(「△△△」は「対象」)がどのようなモノであるかを「解釈・理解」したあとに、ソレがどのようなモノであるかを「説明・表現」しなくてはならない機会が到来したとしよう。コノ場合、「説明・表現」する相手が、①他者に対してであっても、②自分自身に対してであっても、使用される「技術」は同じであろうか。コノ「問い」は、二つの次元での「問い」から構成されている。一つは、①と②において生じる「結果」についての「問い」である。もう一つは、①と②におけるソレゾレの構造についての「問い」である。ただし、二つの次元での「問い」は密接に結びついている。

大学での講義や講演は、「受講者が理解できるように」為されなければならない。ここで大切なコトは、「受講者が理解できるように」という、具体的な表現内容のレベルのコトではなく、とにかく、「受講者が理解できるように」というコトが結果として生じるという、システムとしての「ソレ」である。というコトは、[「説明・表現」する側の「説明・表現」] と [「説明・表現」される側にとっての「説明・表現」] が、構造的には対峙しているという前提があるというコトである。

この章で扱う項目

I 「ある人へ文字の書かれた紙」を届けた
II 「ある人へ法律の条文の書かれた紙」を配布した
III 「ある人への文字の書かれた紙」と「法律の条文の書かれた紙」
IV 「説明・表現」される「対象(物)」
V 「説明・表現」する必要などない‼「灰皿」は「灰皿」だ‼

「ある人へ文字の書かれた紙」を届けた

　「ある人へ文字の書かれた紙」を届けた。ソノ時の差出人にとっての「差出人自身＝私」、「文字」、「紙」、というような事柄は、[「書いた私」の「書きたかったコト」] とは独立的に存在しているのであろうか。逆から言うなら、[「書いた私」の「書きたかったコト」] の内容物は、「私＝差出人自身」、「文字」、「紙」、というような事柄とは独立的に存在しているモノなのであろうか。

　期末試験の「設問」作りは難しい。ここで難しいといったのは、受講生が解けないような「難しい設問」を作るコトは難しいというコトではない。期末試験の「設問」作りは、私からは独立した、システムとしての「科目の設置」や「単位認定」の中での「設問」作りという、「関係実践」の一つとして存在している。先ほどの、[「ある人へ文字の書かれた紙」を届けた] のうち、「ある人」を「受講生」に、「文字の書かれた紙」を期末試験の「設問」に変化させたら、①[期末試験の「設問」作り]と、②[ある人への「ラブレター」書き] は類似の位置関係にあるのではないだろうか、となってくる。極論になるかもしれないが、①[期末試験の「設問」作り] の難しさは、②[ある人への「ラブレター」書き] の難しさと似ている、となるのだ。というコトから、（出欠をとらなくても）システムの中での理解が出来ているかを判断できる「設問」コソが、システムの中での「単位認定」という結果をもたらすというコトになる。コノコトは、受講生がソノ科目を「楽勝科目」としているかどうかとは別の事柄である。期末試験の会場教室で、「受講生に文字の書かれた紙」を配布した。予想された「設問」だったらしく、受講生からの「やった‼」という雰囲気が、私に届けられる。私は「あーあ」という気持ちにではなくて、「やった‼」という気持ちになる（本当？）。

「ある人へ法律の条文の書かれた紙」を配布した

　期末試験期間に入る前に、講義の教室で「法律の条文の書かれた紙」を配布した。配布された「法律の条文の書かれた紙」は、「読み方」や「内容」が、全体との関係で、ある意味で、確定している（とされる）モノである。そして「書かれているコト」は、一定の様式で「説明」出来るモノとしてある。ソレにもかかわらず、私が届けたソノ「法律の条文の書かれた紙」は、私が届けた「ある人への文字の書かれた紙」とは少し異なるような気がする。

　もし、あなたが、両方の紙を届けた人なら、そして、両方の紙に書かれているコトの意味について説明することが求められたら、両方とも同じように説明出来るであろうか。「出来る」というコトなら、ソレはなぜなのか。そして、もし、「出来ない」というコトであれば、ソノコトの背景に何があるのであろうか。そのようなコトを考えながら、[「ある人へ法律の条文の書かれた紙」を配布した]について見てみよう。コノ場合の「条文の書かれた紙」は、ソレ自体が、「書き手」や「読み手」からは独立したシステムとして、誰でもが同じように「説明」できる（「説明」すべき）内容物から成っており、従って、ソノ中身を「説明」できない場合、ソレは、「条文の書かれた紙」にチャレンジする側の問題であるとされる（コトが多い）。逆にいえば、そのようにシステム化されているコトから、「条文の書かれた紙」は、誰にでも同じ「答え」が出せるモノとしてある。従って、[「ある人へ法律の条文の書かれた紙」を配布した]場合、配布された具体的なAさんが「説明」できるか否かは別として、内容について、誰でもが、同じように「説明・表現」出来るモノが配布されたというコトになる。そうすると、ソレは、[「ある人へ文字の書かれた紙」を届けた]というコトと、どのような関係にあるのか。

「ある人への文字の書かれた紙」と 「法律の条文の書かれた紙」

あなたは、①「ある人への文字の書かれた紙（未投函）」と、②「法律の条文の書かれた紙」を持っている。そんなあなたが、①と②の両者の内容物について、誰かに対して、もしくは、自分に対して、「説明・表現」しなくてはならない立場に立たされた（酷い!!）。「対象」（物）である「ある人への文字の書かれた紙（未投函）」にある「胸が」（張り避ける）の部分を、例えば、「私の臓器の一つである心臓が血液を」というように、言い換えたとしても、言葉を入れ替えただけのコトであるコトから、ソレは「説明・表現」したコトとはならない（だろう）。ソレに対して、②における「説明・表現」は少し異なる。例えば、「国民年金」における「第三号被保険者」について、「第二号被保険者の配偶者であつて主として第二号被保険者の収入により生計を維持するもの（第二号被保険者である者を除く。以下「被扶養配偶者」という。）のうち二十歳以上六十歳未満のもの」と「説明・表現」されたらどうであろうか。実際には、「表現したい対象」のママであるのだが、なんとなくOKのような気がする。ココにあるのは、「表現したい対象」がまずは存在しており、ソレを「ミカン」や「ラーメン」ではなく「第三号被保険者」という「ことば」で表現したという構造である。ソノ意味では、「何らかのコト」を表現したいという「気持ち」が先にあり、ソレを「ミカン」や「ラーメン」ではなく「胸が」という「ことば」で表現したという場合も同様である。しかし、「説明・表現」に「私」を入り込ませてよいか、入り込ませてはならないか、という点では異なっている。「第二号被保険者の配偶者であつて主として第二号被保険者の収入により生計を維持するもの（第二号被保険者である者を除く。以下「被扶養配偶者」という。）のうち二十歳以上六十歳未満のもの」に、「私」を入り込めさせてはならないのだ。

「説明・表現」される「対象（物）」

　Ａさんたちにとっての「説明・表現したい対象（物）」がある。ソレをＡさんたちは「甲」（という「ことば」）で表示した。ところが、Ｂさんたちにとっては、その表示された「甲」は、何か異なるコトを「説明・表現」しているように感じられた。このようなコトは、法案段階での議論や法改正を巡っての議論で頻繁に生じるコトである。鍵を握っているのは、①ＡさんたちとＢさんたちとで「説明・表現したい対象（物）」が同一であるにもかかわらず、そのコトを「説明・表現」する「ことば」が異なっていたのか、②ＡさんたちとＢさんたちの間で、「説明・表現したい対象（物）」が、ソモソモ異なっていたか、である。①の場合は「ことば」を取り換えるだけで問題は解決しそうである。たとえば、國民體力管理法案から國民體力法（昭和15年・法律105號）への修正についての説明にみられる「本來管理ノ言葉ハ殆ド物ニ冠セラレタモノデアル、體力管理ト言ヘバ體力ヲ唯物視スルノモノデアル」（子爵野村益三氏（当時）発言）（『官報號外　第七十五囘帝國議會 貴族院議事速記録第二十一號』 國民體力管理法案　第一讀會　昭和15年3月16日235ページ）というようなモノがソレに当たる。しかし、「ことば」を取り換えるだけで解決したように見える出来事であっても、実は、事柄の本質は根が深い。なぜなら、Ａさんたちの「表現したい対象（物）」と、Ｂさんたちの「表現したい対象（物）」が異なっていたとしても、それらが同一の「ことば」で表現されるコトは幾らでもあるからである。同一の「ことば」としての「社会保障法」という「ことば」は、ソノ典型である。見逃してならないコトは、[「説明・表現」される「対象（物）」]に、[「技術」を使う「説明・表現するヒト」]が関わってくるコトを介して、専門性が表層化するコトになるというコトについてである。

「説明・表現」する必要などない!!
「灰皿」は「灰皿」だ!!

隊長:「説明・表現」する必要などない!!「灰皿」は「灰皿」だ!!

部下:でも、コレは「空き缶」です。

隊長:黙れ、ワシが「たばこ」の吸い殻を入れたから、コレは「灰皿」なのだ。「茶碗」でも「灰皿」なのだ。「関係」なのだ。

部下:でも、隊長は「灰皿でないモノ」を「灰皿として」使っているのじゃないですか?

隊長:「灰皿として」使った瞬間に、ソレは「灰皿」になるのだ。

部下:では、「資源ゴミ」回収の日、隊長は「ソレ」をどうしますか?「缶・ビン・ペットボトル」ですか?「灰皿のゴミ」ですか?

隊長:あっ!!分かった。「缶コーヒーの空き缶」は「缶コーヒーの空き缶」なのだ。

部下:だからぁー?

隊長:眼前にある具体的なモノ=ソノ「缶コーヒーの空き缶」=を「説明・表現」する際に、ソノ眼前にあるモノを使って「説明・表現」したら、ソレは、ソレを言い換えただけで、「説明・表現」というコトにはならん。眼前にある具体的なモノから離れて、ソレを関係的に状態化しなければ始まらんのだ。

部下:眼前にいる具体的な隊長、スゴイ!!

隊長:その通り。隊長という関係的な状態にあるワシがスゴイのではなく、具体的なワシがスゴイのだ。

部下:でも……。

隊長:なんだ。

部下:どうして、「隊長、スゴイ!!」だけでも、眼前にいる具体的な隊長を「説明・表現」できたような感じになるのでしょうか。

隊長:ワシには分からん。

「アプローチの練習」のための補足テーマ

「練習」を介して見えてきたコト

　たとえば、「対象」を手掛かりとして「社会保障法」にアプローチするとしよう。アプローチされるコトとなる「社会保障法」は、表層を見るならば、アプローチを試みる私たちの主体性に傾向する「対象」としてソノ「姿」を現しているように思える。多くのアプローチや研究が、このような形で得られた「対象」を手掛かりとしている。注意を要するのは、このような形で得られた「対象」であるから、ソレは、研究者によって多様に存在する可能性があるというコトについてである。ただ、研究者たちは、そのようなコトはあまり意識していない。上手くいけば問題はなさそうに思えるものの、残念なコトに、このような方法だけでは上手くいかない。ソレにもかかわらず、上手くいっていないコトについて、誰も気がついていない。では、なぜ、このような方法だけでは上手くいかないのだろうか。ソノ理由を簡単に述べれば以下のようになる。すなわち、①「対象」とされたモノは、ソレ自体がシステムとして、それなりの完結性を有しているモノであるコトから、アプローチを試みる私たちの為した「対象」化だけでは、「社会保障法」へのアプローチが充分に為されたとは言い得ないからである。そして、②ソレ自体がシステムとして、それなりの完結性を有しているというコトは、実は、ソレを観察している側をも包摂しているというコトになるのである。システムを観察しているというと、システムから独立的な「人間」が、システムの外側から観察している、となりそうであるが、実は、そうではないのである。システムであるから、時間の経過とともに、システムの内容物は変容するコトになる。ソノコトとの関係で、ソレを観察している側も変容する、そのようなシステムなのである。コノコトが理

解できないとすれば、ソコにある考え方は、システムというモノは、観察している「人間」を排除したモノで、システムには、観察している「人間」は巻き込まれないというような考え方である。「社会保障法」を「対象」としている研究者による「研究」や「ソノ結果」等などは、あたかもシステムから独立しているように見えるモノではあるものの、実は、トータルなシステムを形成している一つの構成要素として位置しているのである。このようなコトは、「論理」を手掛かりとして「社会保障法」にアプローチする場合にも生じるコトになる。簡単に述べれば、①アプローチする側によって「対象」についての「論理」が探究されているように見える「社会保障法」であっても、②各時点での「社会保障法」自体が、「社会保障法」の「論理」を求めるコトになっている、「そのような社会保障法のシステム」に内包されており、③ソノコトとの関係で、アプローチする側による「論理」の探究も、もちろん、システムに内包されている、「そのような一つのトータルなシステム」が形成されているのである。さらに、「分類・整序」を手掛かりとして「社会保障法」にアプローチする場合にも同様で、①アプローチする側によって「分類・整序」されるように描かれる「社会保障法」も、②自らを「分類・整序」する「社会保障法」も、③一つのトータルなシステムに内包されているのである。このように、アプローチされるコトとなる「社会保障法」には、①「社会保障法」にアプローチしようと働きかける「私たち」に依拠したモノのように描かれ「現象化」する側面と、②アプローチしようと働きかける「私たち」の思惑から独立した、システムとしての「社会保障法」としての、自己規定的な側面があり、それらは、先ほどから繰り返しているように、②が①を巻き込んだトータルなシステムとして存在しているのである。トータルなシステムというモノは、①の場合においては、気づかれにくいモノではあるが、実際には、ソレ自体がシステムの中に内包されているのである。

「対象」を手掛かりにした
「社会保障法」へのアプローチ

──〈わたしたちの「枠組み」によって表現されてしまう
「対象」(「ソモソモ」)〉と〈システムとして存在しているモノ
として自己規定してしまう「対象」(「深掘り」)〉──

「対象」を手掛かりにした「社会保障法」へのアプローチ
——〈わたしたちの「枠組み」によって表現されてしまう「対象」(「ソモソモ」)〉と〈システムとして存在しているモノとして自己規定してしまう「対象」(「深掘り」)〉——

第２部では、「対象」を手掛かりにして「社会保障法」へのアプローチをするコトとなる。「対象」を手掛かりにするとしているが、具体的には、「対象」というモノについて、①私たちの「枠組み」によって表現されるコトになる「対象」と、②システムとして存在しているモノとしての「対象」を手掛かりにして、「社会保障法」へのアプローチをするコトとなる。

第３部以降のアプローチはそれほど困難ではなさそうであるが、コノ第２部のアプローチ、とりわけ、先ほど述べた②のアプローチは、設定しなければよかったというくらいに重層化している。それだけに、誤解の生じないような表現に努めなければならない。

第２部で「対象」と称しているモノは、[考える「対象」]、[見る「対象」]というような使われ方をしている「対象」である。表現を変えれば、[△△△について考える]、[△△△を見る]という場合の「△△△」に当たるモノである。では、なぜ、この [「△△△」というモノ] を手掛かりにして「社会保障法」へのアプローチを為すのであろうか。「社会保障法」へのアプローチを為すという場合、必要とされるコトは、アプローチされるコトになる「社会保障法」(という「ことば」で表現される「対象」)が三者三様でないというコトである。Aさんが設定した [「対象」としての「社会保障法」] が「甲」で、Bさんが設定した [「対象」としての「社会保障法」] が「乙」で、Cさんが設定した [「対象」としての「社会保障法」] が「丙」というコトになれば、「議論がかみ合わないコト」や「議論のすれ違い」が生じ、結果として、研究が進まないという事態に陥る。コノコトは、自分一人で考察している場合でも同様で

ある。自分一人で考察している場合には、例えば、「考えているコトが
あっちこっちにいくコト」が生じ、考察が進まないという事態に陥る。
特に、「社会保障法」へのアプローチという場合は、この危険性が高い
のである。実際、私たちの考察は、「社会保障法」を「対象」とすると
いいながら、「生活保護法」というような具体的なモノを「対象」とし
ているコトが多い。このように述べたコトに対しては、[「生活保護法」
について、「社会保障法」的に考察しているので、「社会保障法」を「対
象」とした考察をしているコトになる]というような反論があるかもし
れない。もっともらしい反論ではある。しかし、具体的な「生活保護
法」に対して、法的独自性を有する「抽象的」な「社会保障法」から光
を当てるという作業をしたとしたなら、ソノ場合、光が当てられる「対
象」となっているモノは「生活保護法」であり、「社会保障法」ではな
い。「抽象的」な「社会保障法」を「対象」とするコトはとても難しい。

第２部の具体的な構成

第１章　導入──「社会保障法」に当てはめる「問い」
第２章　「観察する側」の設定した「枠組み」で捉えられ表現される
　　　　「対象」
第３章　[「システム」としてすでに存在している「モノ」]としての
　　　　「対象」
第４章　[「観察する側」の設定した「枠組み」で捉えられ表現される
　　　　「対象」]と[システムとしてすでに存在しているモノとしての「対
　　　　象」]
第５章　「社会保障法」を「対象」とする試み

導入
——「社会保障法」に当てはめる「問い」——
（テーマの設定と扱う項目）

テーマの設定

　「△△△について考察する」という場合の「△△△」の部分を、ここでは「対象」と呼ぶコトにしておこう。「△△△」の部分に「社会保障法」を入れると［「社会保障法」について考察する］となる。「形」でいうなら確かにそうなる。しかし、文章からだけでは、考察される「対象」としての「社会保障法」が明確化されたモノであるかどうかは保証されてはいない。そうすると、私たちは、「社会保障法」について考察すると言っておきながら、「社会保障法ではないモノ」について考察しているのかもしれない。「そんなバカな」と思うかもしれないが、実にまじめなのだ。ソノ意味では、ココで考えられるコトは、当面の「対象」とされている「社会保障法」が「明確」なモノとなっているか否かというコトではない。言ってしまえば、更にソノ奥にある、［「対象」とされているモノとは］というコトを巡る「問い」を、前面に押し出したモノなのである。

この章で扱う項目

Ⅰ　「社会保障法」をアプローチの「対象」としていると称して為されているコト

Ⅱ　［「抽象的」な「社会保障法」］と［「具体的」な「社会保障関係法」］

Ⅲ　「社会保障法」をアプローチの「対象」とするために必要になる「枠組み」

Ⅳ　［システム化した「社会保障法」］というモノが「社会保障法」を「対象」とするコトはないのか

Ⅴ　アプローチの「対象」となっている「社会保障法」の二つの姿

2
・
1
・
I

　「社会保障法」というような抽象的なモノを「対象」とするコトに比べて、具体的な条文で見るコトができる「生活保護法」というようなモノを「対象」とするコトはそれほど困難なコトではないように感じる。「感じる」というレベルでの表現にしたのは、実は、[「対象」とするコト]とは、両方とも「困難」なコトだからである。ただし、両者の困難性は、少し次元を異にしたモノとしてある。

　現実に目を向けるならば、「社会保障法」を「対象」として為す私たちの考察は、例えば、「生活保護法」というような、固有名詞的に存在しているモノを「対象」として為されるコトがほとんどである。よくても、せいぜい、①「児童」や「高齢者」というような、「主体」を手掛かりとしての考察や、②「傷病」や「失業」というような「出来事」を手掛かりとしての考察である。そして、それらの①「主体」を手掛かりとしての考察や、②「出来事」を手掛かりとしての考察は、進展させたといいつつも、例えば、[「児童」の「傷病」]や[「高齢者」の「失業」]というような、「主体」と「出来事」を組み合わせたモノに留まってしまっている。このような考察では、独自の法としての抽象的な「社会保障法」には接近できない。ソモソモから考察しようとするなら、なされるべき手順は以下のようなコトになる。すなわち、①それまでは気付かれるコトがなかった、何らかの「法的特殊性」を備えた（ように思われる）状態が現象している、②ソレに対して「社会保障法」という名称が付された、というコトであるから、③「社会保障法」を「対象」として為す私たちの考察とは、何らかの「法的特殊性」を備えた（ように思われる）現象を、まずは、「対象」として為さなければならない、というコトになるモノなのである。

［「抽象的」な「社会保障法」］と ［「具体的」な「社会保障関係法」］

　ココで使用している「社会保障法」と「社会保障関係法」という用語は紛らわしい。でも、とても大切だ。そのコトについて考えるのが、ココでの課題である。ワザワザこのようなコトについて触れるのは、「社会保障法」と「社会保障関係法」との関係について、しばしば混乱が生じているからである。結論的にいえば、「社会保障法」とは、「意思」や「責任」という「枠組み」でみた場合に、従来の法関係からすれば、極めて特殊であるような法現象（法律の制定・裁判・法意識等）が歴史的に生成し、それらの歴史的生成の繰り返しにより、結果として生じる「権利や義務の主体」や「権利や義務の内容」などにおける普遍的な「像」をとらえて「命名」したモノである。ココでなされているコトは、生じた法的特殊性に見られるモノに貫かれている法的特質を普遍的なモノとしてとらえる作業である。他方、「社会保障関係法」とは、「介護保険法」や「生活保護法」などの、社会保障に関係する具体的な個々の法律である。したがって、「介護保険法」や「生活保護法」などの個々の「社会保障関係法」について疑義が生じた場合は抽象的な「社会保障法」的立場から検討されるコトが多い。繰り返しになるが、「社会保障法」とは、従来の法関係から見た場合に、極めて特殊であり、例外的である法現象（法律の制定・裁判・法意識等）が歴史的に形成され、それらの歴史的生成の繰り返しにより、結果として生じる、「意思」や「責任」という点での特殊な法主体・法関係・給付内容などをとらえ、ソノ特殊性自体を、独自の法原理を有するモノとしてとらえるコトによって得られる法の体系である。注意しなければならないコトは、「社会保障法」と「社会保障関係法」とが相互に影響し合いながら変容しており、ソレがシステムとなっているというコトを忘れないコトである。

「社会保障法」をアプローチの「対象」とするために必要になる「枠組み」

　「社会保障法」をアプローチの「対象」とする場合、必要とされるモノは、先ほど述べたような歴史的経緯を踏まえるコトによって手に入れるコトが出来る「枠組み」である。では始めよう。

　近代市民社会が成立する以前、「物を巡る関係」についても、「人と人との関係」についても、多くのコトを規律していたモノは「身分」であった。近代市民革命によって封建的な身分的拘束から解放された人々は、自由・放任の状態に置かれた。そのような近代市民社会の基本的考え方を「法の世界」へ投影させたものが「近代市民法」と呼ばれるモノである。だれもが平等なチャンスをもっているというコトを前提として作られた「法の世界」では、所有権絶対と契約自由の原則が中心的な価値となったのである。個人活動の自由の保障は、「個人が、多くの機会の中から自由に選択したのであるから、ソノ責任はソノ個人が負うべきである」という個人責任の原則（＝個人の責任に関して社会や国家は介入すべきでないという原則）につながる。その後、資本主義社会が進展する過程において、労災が多発し、児童や女子の労働力が磨滅するなど、個人責任の原則は貫き得なくなり、労働者や個別の使用者の「責任」を超えて、社会的な「責任」で対応すべきであるという考え方が芽生えてくる。すなわち、「近代市民法」の傍らに、「責任」や「意思」という点での特殊性を有する「法現象」を置くことによって、法的独自性を有するモノとしての「社会保障法」は現象するコトになる。以上のコトを踏まえると、［「社会保障法」をアプローチの「対象」とする際の様々な「枠組み」］は、例えば、「責任のありようという枠組み」であるし、「意思のありようという枠組み」というコトになる。

［システム化した「社会保障法」というモノが 「社会保障法」を「対象」とするコトはないのか

　先ほどまで見てきたコトは、［私たちが「対象」にアプローチする］というコトについてであった。いわば、「観察する側」と「観察される側」という、誰もが疑わないような構造を前提とした説明であった。さて、ココからが大変である。なぜなら、「観察される側」の「姿」は、［「対象」にアプローチするコト］を実施している「観察する側」の設定した「枠組み」で捉えるコトだけで描けるのか、というコトが残されているからである。このように述べると、「他に何があるのか」といわれるかもしれない。ソノ指摘に対しては、まずは、「観察される側」であっても、［「システム化した観察される側」のシステムとしての自己規定がある］のではないか、としておこう。コノコトによって、まずは、［「観察される側」が「観察する側」によって規定される］という固定的位置付けからの決別がなされる。では、「観察される側が内包しているシステム化した自己規定」とはどのようなモノなのであろうか。ソレは、例えば、変容しながらも［「Aさん」が「Aさん」であり続けるコト］というようなモノで、［「Aさん」のコトを（Aさんではない）「専門家」が説明するコト］とは決定的に異なるモノである。このようにいうと、「人間と制度は異なる、制度に自己決定権などあるはずがない」という反論が待ち受けている。ソレに対しては、①「法的独自性」に着目した結果として現象したモノが「社会保障法」である。②ソレは、［「社会保障法」という「ことば」で表現されるモノ］ソレ自体のコトを、「システムとして着目した結果」として現象したモノである。③現象した「システムとしてあるという状態」は、「対象」とされるモノの固定的状態として描かれうるモノではなく、観察する側をも包摂した変容を繰り返すトータルなモノとしてある、としておこう。

アプローチの「対象」となっている 「社会保障法」の二つの姿

　私たちがアプローチの「対象」としている「社会保障法」は、表層的には二つの「姿」で現れるコトになる。一つの「姿」は、「観察する側」によって「対象」とされた際に表わすコトになる「姿」である。もうひとつは、「システムとしての社会保障法」自身が、システムとして、自らを「対象」とする際に表わすコトになる「姿」である。研究者が為している［「社会保障法」へのアプローチ］の多くは、前者の位置関係によるモノである。では、前者と後者との間にはどのような関係があるのであろうか。まず、「結果」だけについていえば、両者の間で差異が見える場合もあれば、そうでない場合もある、というコトになる。気をつけてほしいコトは、ココで言っているコトが、どちらの「対象」化が正しいというコトについてではない、というコトについてである。重要なコトは、［「システム」としての「社会保障法」］というコトについて、研究者がソレをどのように生かしているのか、というコトに目を向けるコトである。ココでの難しさは［「システム」としての］というコトに関係している。私たちは、「対象」となる［「患者」や「高齢者」のコト］を、「観察する側」による「枠組み」でのみ観察しておきながら、同時に、「自己決定権」という便利な「用語」を生み出した。一見したところ対立しているように見える両者ではあるが、両者は、実は、いわゆる、「観察する側」の「専門性」という同じ場所にソノ根っこを持っている。ソノ結果、「自己決定権」といいながら、ソレは「観察する側」の「専門性」と直ぐに結合してしまうのである。容易なコトではないが、［「システム」としての］というコトに、上手く神経を集中させるならば、アプローチの「対象」となっている「社会保障法」ソレ自体が、［「システム」として］自己を規定している「姿」を表現するコトも可能である。

「観察する側」の設定した「枠組み」で捉えられ表現される「対象」――(テーマの設定と扱う項目)

テーマの設定

　複数人が、何らかの同一の「対象」を観察した場合、同じように捉えられ表現されるのだろうか。あらためてこのように質問すると、「同じ場合もあるし、異なる場合もある」という「答え」が返ってきそうである。ひょっとしたら、「年齢や性別が異なれば、そもそも、同一の……とはなりにくいのでは？」と指摘されるかもしれない。たしかに、「幼児」が観察した場合と「お相撲さん」が観察した場合では、同じ量のラーメンであっても、異なるモノを見ているように捉えられ表現されるコトになりそうだ。そうすると、「観察する側」が複数人いた場合、ソノ人たちの設定した「枠組み」次第で、「対象」はどのようにでも表現されるコトになるのだろうか。では、なぜ、「同一の……とはなりにくい」のだろうか。「客観性」はどこに行くのだろう。待てよ。何らかの方法で「素人」を排除してしまえば、「専門家」同士では、一つの「対象」は、結果として、同じように捉えられ表現されるコトになってしまうのではないか。否、否、ソレどころか、現代社会では「素人とされた人たち」も「専門家」化しているのではないか。

> #### この章で扱う項目
> Ⅰ　「対象」を表現する際に必要となる「枠組み」
> Ⅱ　「対象」は客観的なモノとして存在しないのか
> Ⅲ　[「社会保障」にウェイトを置いた「枠組み」で表現される「対象」]
> 　と[「法」にウェイトを置いた「枠組み」で表現される「対象」]
> Ⅳ　場当たり的な「枠組み」による「対象」の表現
> Ⅴ　「社会保障法」を表現する「枠組み」

「対象」を表現する際に必要となる「枠組み」

「対象」がどのようなモノであるかを表現するためには、何らかの「枠組み」が必要となる。もう少し言うなら、何らの「枠組み」もない場合、「姿」となって「対象」は現象しない。何らかの方法で、ソレがソコに存在していると表現できた場合、ソコには「枠組み」がある。スナワチ、ソコに存在していなかったソレが、何らかの「枠組み」が用意されるコトによって、突如「姿」を現す。ココでアプローチされる「対象」となっているモノは「社会保障法」であるから、「対象」の部分に「社会保障法」を入れると、①「社会保障法」がどのようなモノであるかを表現するためには、何らかの「枠組み」が必要となる。もう少し言うなら、②何らの「枠組み」もない場合、「姿」となって「社会保障法」は現象しない、というコトになる。この①と②について、もう少し述べておこう。現代社会に生きている私たちにとっては、①のようなコトについては、専門的に上手く表現できないかもしれないが、「なるほど」となりやすい。そして、300年くらい前の時代に生きていた人たちのコトを想像すると、現代の私たちが「社会保障法」という言葉で表現しているような関係性自体が、ソモソモ、存在していなかったのであるから、「枠組み」で表現するなんてコトは「もってのほかだ」というコトとなる。②については、「枠組み」なんて「もってのほかだ」という300年くらい前の時代に生きていた人たちの前に、「社会保障法」は、当然のコトであるが、ソノ「姿」を現さない、というコトとなる。そうであるから、現代社会に生きている私たちであっても、300年くらい前の時代に生きていた人たちと同じように、もし、何らの「枠組み」も設定できないのであれば、個別の法現象がいくらあったとしても、[「姿」となって「社会保障法」は現象しない]というコトになるのである。

「対象」は客観的なモノとして存在しないのか

　先ほど、［何らの「枠組み」もない場合には、「社会保障法」はソノ「姿」を現さない］と書いてしまった（「書いて」「シマッタ」ではない）。コレについては、［「対象」は客観的なモノとして存在しないのか］という質問が待ち受けている。うーん。もっともだ。［何らの「枠組み」もない場合でも、目の前の「メロンパン」はソノ「姿」を現している］ではないか、と言われそうだ。なるほど、たしかに、ソコに実在しているソレを「メロンパン」と称するかどうかは別として、目の前に［「〇」「直径13センチくらい」「半球もどき」「クリーム色」「ザラザラ」「180円」「賞味期限2019年9月10日」「……製パン」「原材料……」］はある。コノ場合、目の前の「ソレ」のコトを「メロンパン」と称するコトを知らない人にとって、「メロンパン」は「メロンパン」として、ソノ「姿」を現しているのであろうか。ソレに対しては、ソレのコトを「メロンパン」と称するコトを知らない人にとってでも、目の前に［「〇」「直径13センチくらい」「半球もどき」「クリーム色」「ザラザラ」「180円」「賞味期限2019年9月10日」「……製パン」「原材料……」］はある、となりそうだ。実は、「ソレでよい」のだ。なぜかって？［「〇」「直径13センチくらい」「半球もどき」「クリーム色」「ザラザラ」「180円」「賞味期限2019年9月10日」「……製パン」「原材料……」］というような、いろんな「枠組み」で、「対象」＝「メロンパン」は、ソノ「姿」を現しているではないか。［何らの「枠組み」もない場合には、「社会保障法」はソノ「姿」を現さない］と最初にいったのは、このようなコトを意味しているのである。というコトから、先ほどの、［「対象」は客観的なモノとして存在しないのか」］という「質問」は、ココで考えているコトとは、少しだけ、次元の異なるコトなのである。

［「社会保障」にウェイトを置いた「枠組み」で表現される「対象」］と［「法」にウェイトを置いた「枠組み」で表現される「対象」］

［「社会保障」という「ことば」］と［「法」という「ことば」］が組み合わせられた結果として、「社会保障法」という［一つの「ことば」］はある。そのようなコトから、アプローチの「対象」となる「社会保障法」には、①［「社会保障」にウェイトを置いた「枠組み」で表現される「対象」］としての側面と、②［「法」にウェイトを置いた「枠組み」で表現される「対象」］としての側面が共存している。同一人が「社会保障法」にアプローチする場合であっても、アルトキには［「社会保障」にウェイトを置いた「枠組み」］でアプローチしながらも、ソノ直後に［「法」にウェイトを置いた「枠組み」］でアプローチするというようなコトは、結果として珍しいコトではない。そうしてしまうと、ソノ人の為している［「社会保障法」にアプローチする作業］は、筋の通ったモノとはなっていない、というコトとなる。そのようなコトにも留意しなければならないが、ココでの関心事は「そのようなコト」を指摘するコトではない。ココでの関心事は、「対象（というモノ）」がどのようなモノとして存在しているのか、というコトにある。ココで、「対象」ではなく、「対象（というモノ）」という表現をしているコトからも理解できるように、重要なコトは、「対象」が、当初から存在しているのではなく、「対象」が存在するコトになるのは、何らかの「枠組み」との関係においてである、というコトである。ソノ意味で、何らかの「枠組み」との関係において「姿」を現すコトになる「対象（というモノ）」に着目するというコトは、すなわち、「対象」という「ことば」を、「形」として、「社会保障法」という「ことば」に入れ替えただけではおさまらない、潜んでいる「何か」に気付いたというコトになる。

場当たり的な「枠組み」による「対象」の表現

　目の前になんらかの「モノ」がある。そうだなあ、「家電商品」にしておこうか。真ん中には、商品の売り手がおり、ソノ左右には、（かつての）売れっ子がおり、ソレを囲むようにスタジオ参加者がいる。さらに、ソレをテレビで見ている私たちがいる。さて、全体構造が上手くいくためには、販売される「モノ」である「家電商品」＝「対象」＝が、「軽さ」、「効果」、「値段」、「輝き」など、買い手のつきやすい形での「枠組み」によって表現されなければならない。もし、商品の売り手が「効果」という「枠組み」で「対象」となるモノを宣伝していても、ソノ左右の（かつての）売れっ子が「匂い」という「枠組み」で「対象」となるモノを捉えていたらどうだろう。さらに、スタジオ参加者が「名称」で「対象」となるモノを捉えていたらどうだろう。実際には、そうならないように、「軽さ」、「効果」、「値段」、「輝き」などのバラバラなようなモノが、瞬間、瞬間に、一つの「ほしいモノ」という「枠組み」で集約されるコトになる構成なのだ。［場当たり的な「枠組み」による「対象」の表現］のように見える「突っ込み」があったとしても、瞬間、瞬間に、「ほしいモノ」という、一つの「枠組み」で集約されるコトになる。

　［場当たり的な「枠組み」による「対象」の表現］は、研究の場ではどうであろうか。学会発表での質問に対して、その場を乗り切るための「ゴマカシ」なら、いざ知らず、論文なら痕跡は残ってしまう。ところが、上手く出来たモノで、［場当たり的な「枠組み」による「対象」の表現］の存在は、あまり目につかない。あまり目につかない結果となってしまう理由の一つとしてあげられるモノが、［場当たり的な「枠組み」による「対象」の表現］にならないくらいに集約された、例えば、「学会という枠組み」の存在というコトになる。

「社会保障法」を表現する「枠組み」

　[「社会保障法」を表現する「枠組み」] とはどのようなモノなのであろうか。もう少し丁寧にいえば、[「社会保障法」という「ことば」で表現されているモノを表現する「枠組み」] とはどのようなモノなのであろうか。ソレは、多分、「重量」、「糖度」という「枠組み」ではなく、[「法的独自性」というコトを表現可能にする「枠組み」] になりそうである。繰り返すコトになるが、[「社会保障法」という「ことば」で表現されるモノ] は、「様々な事柄」を巡る「諸関係」に着目した結果として現象化するコトになった状態である。そうした状態を表現するコトが出来る「枠組み」は、例えば、①「関係」という「枠組み」＝[「分断・排除」と「連帯」]、②「責任」という「枠組み」＝[「私的な責任」と「社会的な責任」]、③「意思のありよう」という「枠組み」＝[「任意」と「強制」] 等など、というコトとなる。それらの「枠組み」に設定される「軸」の両極に、①「近代市民法」を最もソレたらしめているモノと、②ソレとの対比が可能となるようなモノを置いて、その両極を有する「軸」の上に、現実の現代日本の「社会保障の法現象」を位置させるコトによって、「社会保障法」の全体構造を捉えて再構成する作業が、「社会保障法」にアプローチする作業の基礎をなすコトとなる。「近代市民法」との関係での「法的独自性」を踏まえたアプローチであろうとするなら、「近代市民法」との関係を念頭に置いた両極を有する「軸」によって表現するコトが出来ない「モノ」は、「枠組み」とはなりえない。「枠組み」となりうるモノは、たとえば、①「関係」という「枠組み」＝[「分断・排除」と「連帯」]、②「責任」という「枠組み」＝[「私的な責任」と「社会的な責任」]、③「意思のありよう」という「枠組み」＝[「任意」と「強制」] というコトになる。

[「システム」としてすでに存在している「モノ」] としての「対象」——(テーマの設定と扱う項目)

テーマの設定

「対象」という場合、①[「観察する側」の設定した「枠組み」で捉えられ表現される「対象」というモノ]については理解されたとしても、②[「システム」としてすでに存在している「モノ」]としての「対象」については理解されにくい。なんとなく分かったような気がするとしても、②については、他者に説明するコトには相当な困難が伴う。たとえ、ソレが上手くできたとしても、面倒なコトが残ってしまう。なぜなら、①と②の個々のコトを頭の中では理解していても、それらの個々のコトの相互関係を理解し、さらには、①と②の相互関係を研究等に反映させるコトは至難の業であるからである。このコトは、とりわけ、「社会保障法」にアプローチする場合に生じる。なぜなら、為されている「社会保障法」へのアプローチというモノが、[「観察する側」の設定した「枠組み」で捉えられ表現される「社会保障法」]という側面を強く有しているからである。

> #### この章で扱う項目
> I 「システム」として存在している [「コト」・「モノ」]
> II 「システム」として存在している [「コト」・「モノ」] としての「対象」
> III 「システム」として存在している [「コト」・「モノ」] としての「社会保障法」
> IV 「システム」であるから、自身が自己を「対象」とする
> V [「システム」である「社会保障法」]であるので自己を「対象」とする

「システム」として存在している ［「コト」・「モノ」］

［何らかの「対象」を把握する］という場合でも、［何らかの「対象」を理解する］という場合でも、「対象」は、［「把握する側・理解する側」の設定した「枠組み」で捉えられ表現されているように位置づけられコトが多い。欠けているモノは、「対象」というモノを、「把握する側・理解する側」との関係で存在しているモノとしてしまっているコトについての認識であり、さらには、ソレがトータルな「システム」としてあるというコトについての理解である。結果として無視されるコトは、［「対象」自らがなしている「対象」の捕捉と表現］である。このように書くと、［「対象」としての「メロンパン」］が、自らによる「対象」＝「メロンパン」の捕捉と表現などするわけがない、といわれそうである。確かに。では、そのような指摘に対応するために、順次進めてみよう。まず、〈「システム」として存在している ［「コト」・「モノ」］〉がある、はどうだろうか。コレについては、〈「システム」として存在している ［「社会保障法」］〉がある、という具合に了解してもらえそうである。では、「制度」のような場合は、〈「システム」として存在している ［「コト」・「モノ」］〉があるといえても、「メロンパン」ではいえないのであろうか。［「観察する側」と「観察される側」］の位置関係は、固定的なモノではなく、当然のコトとして、時間とともに変容する。そうか！！「メロンパン」でもいえるかもしれないぞ。そうすると、固定的なモノとして見ていた場合とはちがって、「メロンパン」は、「観察する側」との関係で、時間とともにソノ位置を変え、（次の瞬間での）「メロンパン」となる。ソノ結果、「観察する側」も、再び、ソノ位置を変化させる。コノコトは、常に、継続的に生じている。「対象」が ［「対象」自ら］としての捕捉と表現をするというこのような現象は、変容し続ける相互の関係の中で生じているのである。

「システム」として存在している [「コト」・「モノ」] としての「対象」

　鍵を握っているのは、①〈「システム」として存在している [「コト」・「モノ」]〉というコトと、②〈「システム」として存在している [「コト」・「モノ」] としての「対象」〉、という表現の間に見るコトができる「ステップ」である。ココにある「ステップ」は、[「システム」として存在している] とか、[「システム」として存在していない] とかの「結論」を、観察する側が、観察する側の作り出した不可視的な「境目」を基準として手に入れるコトになるというコトと関係している。例えば、A [「システム」として「社会保障法」は存在している] という具合に表現されるコトになる。では、B [「システム」として存在している「コト」・「モノ」としての「社会保障法」] はどうだろう。AとBは少し異なるが、異なり具合を説明できるであろうか。説明といっても、「形」についてではない。Aは、「社会保障法」の属性のような意味で「システム」が使用されている構造である。ソレに対してBは、一度、[「システム」として存在している「コト」・「モノ」] がどのようなコトなのか、というコトを独立的に作っておいて、「社会保障法」がソレに該当するという構造である。とはいっても、実は、AとBは大差ないモノともいえる。ただ、一度、「コト」・「モノ」を使って [ひと固まりの「名詞」] に変形させておかないと、すなわち、Aのような形だと、静態的な状態としての「システム」として、「社会保障法」は存在しているという方向に理解が進んでいきそうなのだ。実は、Aのような表現であっても、Bのように理解できるコトにはなっているのだが、そのように読み込むコトは少し困難だ。動態的なモノとしてある「システム」というコトをはっきりさせるコトを意図してBの形にしているのである。

「システム」として存在している［「コト」・「モノ」］としての「社会保障法」

　ここで考えるコトは、〈「システム」として存在している［「コト」・「モノ」］としての「社会保障法」〉についてである。先ほど述べたように、［「システム」として存在している「コト」・「モノ」］がどのようなコトなのかを意識化できるように、このような形の表現をとっている。もう少しいえば、私が表現したいコトは以下のようになる。①一般的に「システム」と称されるモノがある。②ソノ「システム」と称してよい「モノ」となるためには、何らかの要件を備えた状態であらねばならない。③従って、結果的に、「システム」と称してよい「モノ」となっている場合には、ソレは、「システム（一般）」としての性格を具備している、というコトになる。そうすると、問題となるのは、［「システム（一般）」としての性格］というモノである。［「システム（一般）」としての性格］の中には、たとえば、「研究者の方法」や「システムとされている制度が内包する自己規定」といったモノも含まれている。コノコトの基礎をなしているモノは、［ソレがソレ自体であり続ける］という動態的な機能であり、歴史的経緯からもわかるように、「対象」としてのソレ自体をも包摂して機能が発揮される。このコトは、「システム」としての政治、「システム」としての人体、「システム」としての自然、でも同様である。「社会保障法」をアプローチの「対象」とするとした場合、観察する私たちは、私たちの設定した「枠組み」によって、観察する「対象」の外側から「対象」を観察していると位置づけがちであるが、実は、ソコでなされている「対象」化は、「対象」の外側からなされているモノではなく、「システム」として存在している「社会保障法」が有する機能の下で生じた結果の一部としてある、というコトになる。

「システム」であるから、自身が自己を 「対象」とする

　「システム」としての政治、「システム」としての人体、「システム」としての自然等などを引き合いにして、「システムとされているモノ」であるからこそ内包されている自己規定について述べた。注意すべきは、①いきなり、[「システム」には「自己規定」が内包されている]とならないコトである。そうではなく、その前に、もうワンクッションあって、「自己規定」を具備している[何らかの「コト」・「モノ」]が「システムとされているモノ」とされるのであるから、「システムとされているモノ」には、「自己規定」が内在している、というコトになるのである。さらに注意しなければならないコトは、②[「システム」に内包されている「自己規定」]とは、私たちが希望しているような、そのような「姿」に自己を修正するモノというように誤解しないコトである。ココでの「自己規定」とは、ソノ「ソレ」が「ソレ」として存在しているというようなトータルなモノで、私たちの為している「研究」などもソレに包摂されている。例えば、[条文の中にある「語」]は、観察する側の意図とは独立的に、「条文」全体の中での「意味」を持ったモノとして存在しており、[法律の中にある「条文」]は、観察する側の意図とは独立的に、「法律」全体の中での「意味」を持ったモノとして存在しているのである。[自己を「対象」とする]「自己規定」は、そのような位置関係として見るコトが出来る。というコトから、「対象」は、①研究者等の作った「枠組み」によって「対象」として表現された結果としてのモノに限定されるモノではなく、②「システム」が機能を発揮して、[自己を「対象」とする]というコトをも包摂しており、結果として、③トータルなモノとしてある、というコトとなる。

[「システム」である「社会保障法」] であるので自己を「対象」とする

　とはいっても、観察する「人間」が「社会保障法を「対象」とするコトはあるが、〈[「システム」である「社会保障法」] が自己＝「社会保障法」＝を「対象」とするコト〉なんてあるのだろうか、というコトになる。ココからが大変だ。「社会保障法」が〈[自己を「対象」とする]「自己規定」を為す〉というコトについての説明を為さなければならない。ココでの表現は、意図的に、[「システム」である「社会保障法」] としている。そして、[自己を「対象」とする] としている。というコトから、①まずは、[「システム」である「社会保障法」] については、了解してもらえるコトだろう。ソレが一つの塊の「コト」・「モノ」となっているのである。次は、② [「システム」であるというコト] なので、〈[自己を「対象」とする]「自己規定」をなす〉というコトである。抽象的な「社会保障法」は、「連帯性」、「社会性」、「強制性」等などを内在させたモノとして歴史的に現象した「一つの価値の体系」である。今日においても、具体的な法現象は常に生起しているが、「ソノ価値の体系」は、常に、それらを自らの内に取り込むようにして「姿」を表出している。生じているコノ状態は、もちろん、固定的なモノではない。具体的な法現象の一部を構成している私たちも、ソノコトとの関係で固定的なモノではない。今述べたコトは、システムとしての構造であるが、実際には、そのような相互関係が継続的に生じているのである。「あなた好み」ではないかもしれないが、このようなサイクルが〈[自己を「対象」とする]「自己規定」を為す〉というコトである。コノ「システム」の中には、私たちの行っている「研究」も包摂されており、「対象」とされるモノ＝「社会保障法」としての「現象」化＝と、常に作用しあっている。

［「観察する側」の設定した「枠組み」で捉えられ 表現される「対象」］と［システムとしてすでに存在して いるモノとしての「対象」］──(テーマの設定と扱う項目)

テーマの設定

　ようやく、最後のコーナーに近づいてきた。① ［「観察する側」の設定した「枠組み」で捉えられ表現される「対象」］、そして、② ［システムとしてすでに存在しているモノとしての「対象」］について、個別には、なんとなくわかったようにさせられてしまった。残っているのは、この①と②について、もっと理解するために、両者の関係を基盤として、それぞれを理解し、そして、①と②を包括したトータルな一つのシステムとして捉えるという作業で、コレは、従来からの観察者にとっては、ナカナカ困難なモノである。

> **この章で扱う項目**
> Ｉ　［「観察する側」の設定した「枠組み」で捉えられ表現される「対象」］と［システムとしてすでに存在しているモノとしての「対象」］の同異
> Ⅱ　［「観察する側」の設定した「枠組み」で捉えられ表現される「対象」］と［システムとしてすでに存在しているモノとしての「対象」］の併置
> Ⅲ　「個々の承認というコト」と「観察者の態度」
> Ⅳ　［「統合された一つのモノ」とするコト］と「観察者の態度」
> Ⅴ　〈［「観察する側」の設定した「枠組み」で捉えられ表現される「社会保障法」］と［システムとしてすでに存在しているモノとしての「社会保障法」］〉についての研究者の態度

［「観察する側」の設定した「枠組み」で捉えられ表現される「対象」］と［システムとしてすでに存在しているモノとしての「対象」］の同異

「対象」が、①［「観察する側」の設定した「枠組み」で捉えられ表現される「対象」］と、②［システムとしてすでに存在しているモノとしての「対象」］という具合に、個々的にある場合は、ソノ同異はなんとなく理解できる。ただし、ソノ理解は、個別のモノについての個々的理解である。では、「対象」が一つのモノである場合はどうだろう。①の場合、偉大な力を持っているのは「観察する側」である。「対象」がどのようなモノであるかは、「観察する側」が設定する「枠組み」次第である。この構造は、まるで医療や福祉に見られる関係のようだ。「科学的結果である」といくら強調したとしても、「枠組み」は「観察する側」によって設定される。ただ、忘れてならないコトは、「観察される側」が常に変容している「観察される側」である、というコトについてである。そのような曖昧さを備えた幅広さは②には保障されていない。なぜなら、「システム」としてすでに存在しているモノとなっているソレは、「何らかの要件を備えているというコト」との関係で「システム」とされているからである。ただし、コレは、システムというモノを静態的に表現した場合のコトであって、システムの内容物は、ソレコソ、システムとして、常に変容している。注意してほしいコトは、①は主観的になるモノで、②は客観的になるモノ、とならないコトである。鍵を握っているのは、最初のほうで述べた、［「対象」が一つのモノである場合］というコトについてである。動態的なモノをなんらかの時点で切り取って、ソコで見られる状態を構造的に説明するなら、ソノ時点で「対象」となっている①と②は一つの固定的なモノとして描かれるコトになるが、実際には、ソレは常に変容しているのである。

2・4・1

［「観察する側」の設定した「枠組み」で捉えられ表現される「対象」］と［システムとしてすでに存在しているモノとしての「対象」］の併置

　次なる悩みは、同一の「対象」について、①［「観察する側」の設定した「枠組み」で捉えられ表現される「対象」］と、②［システムとしてすでに存在しているモノとしての「対象」］が、併置された場合のコトである。例えば、①の「対象」が「介護保険法」で、②の「対象」も「介護保険法」であって、それらが併置されている場合、悩みは生じる。単純にいえば、「対象」が同一のモノであるので、①の場合に捉えられ表現される「結果的なモノ」と、②の場合に捉えられ表現される「結果的なモノ」とが、同一のモノとなりそうである。そうはいっても、具体的な同一の「介護保険法」が「対象」であっても、①の場合は［「観察する側」の設定した「枠組み」で捉えられ表現される］のに対して、②の場合は［システムとしてすでに存在しているモノ］であるので、同一のモノとはなりにくそうである。どうだろうか。「対象」についての扱い方をみるなら、実際の研究の多くは、①のようなモノに限定されており、②については了承されるどころか、気づきもされていないのである。もし、①と②を個別のモノとして説明するコトが許されるのなら、「対象」というモノに接近するための両者の方法にみられる構造は全く異なる。ココで注意してほしいコトは、「併置」されるという表現についてである。先ほど述べたコトと同様、考察のために分離されたモノとして表現しているのであって、実際には、①と②は相互規定的なモノとしてあり、トータルな一つのモノとして存在しているモノなのである。ココでは、考察のために、トータルなモノを構成している二つのモノとして考察したコトから、「併置」されるという表現をしているのである。

「個々の承認というコト」と「観察者の態度」

　述べてきたコトは、更なる悩みを生み出す。すなわち、①［「観察する側」の設定した「枠組み」で捉えられ表現される「対象」］と、②［システムとしてすでに存在しているモノとしての「対象」］が、それぞれ個々のモノとして存在していて、それらが「併置」されるコトが生じうるというコトは、観念的なモノとしてであっても、以下のような観察者の態度を生ぜしめるのである。すなわち、①一方では、［「観察する側」の設定した「枠組み」で捉えられ表現される「対象」］についての態度表明をし、同時に、②他方で、［システムとしてすでに存在しているモノとしての「対象」］についての態度表明をするという、「個々的承認」をするコトが、観察者には許されているのである。そうすると、もし、あなたたちが「観察者」となったとしたら、「対象」を捉え表現する「枠組み」は、フリーハンドなのだろうか。コレについては、事情は複雑である。何も考えずに、うわべだけで「答え」を出してしまえばフリーハンドというコトにもなるかも知れない。しかし、まてよ……となってくる。なぜなら、「対象」として設定されるというコトとは、まずは、①［「ソレがある」というコト］自体に気づかないような「単なる何か」が、何らかの拍子に、②「単なる何か」を、ソレ以外のモノと区別することが可能な（はっきりしたモノではないかもしれないが）「ことば」を付して表現できる概念化がなされ、その結果、③例えば、「まわりと比べて高くなっている空間」＝「山」という「ことば」で表現できる概念＝を「対象」とすることが可能となり、④「ソノ空間」については、多分、「糖度」という「枠組み」で捉えるというコトはなされないであろう、というコトであるから、⑤フリーハンドというコトにはならない、というコトになる。

[［「統合された一つのモノ」とするコト］と 「観察者の態度」

そうすると、①［「観察する側」の設定した「枠組み」で捉えられ表現される「対象」］と、②［システムとしてすでに存在しているモノとしての「対象」］は、観念的には、互いに独立的ではあるものの、相互に規定し合いながら存在しているというコトとなる。それでは、一歩進んで、①と②の「対象」は、［「統合された一つのモノ」として存在している］とするコトはできるのであろうか。結論から言うなら、［「観察する側」の設定した「枠組み」で捉えられ表現される「対象」］について、観察者がアプローチをする場合、ソノ観察者は、［システムとしてすでに存在しているモノとしての「対象」］から逃れることはできない。［システムとしてすでに存在しているモノとしての「対象」］というコトについて、意識的に念頭に置くというコトができなくても、結果として生じるコトは、［システムとしてすでに存在しているモノとしての「対象」］に対応するコトとなる。ただし、ソレは、観察者が［「統合された一つのモノ」とするコト］について、積極的であるというコトとは同義ではない。もう少し言うなら、積極的であるか否かというコトとは次元が異なるコトなのである。すなわち、［「統合された一つのモノ」とするコト］についての観察者の意図があったとしても、さらには、ソノ結果が得られたとしても、それらのモノは、実は、「システム」としてあるというコトに包摂されたモノとしてある、というコトになるのである。従って、「個々の承認」であれ、［「統合された一つのモノ」とするコト］であれ、観察者の態度ソレ自体が、既に規定されたモノとしてあるのである。ただし、既に規定されているといっても、ソレは、観察者の態度として表明された内容物が、結論的な意味で、既に決定された「姿」となっている、というコトではない。

2
・
4
・
V

　研究者のとっている実際の態度も、今まで述べたコトと関係している。先ほども述べたように、「社会保障法研究」の多くが、①［「観察する側」の設定した「枠組み」で捉えられ表現される「対象」］に基礎を置いてなされているように位置づけされている。しかし、そのように実施している研究であっても、②［システムとしてすでに存在しているモノとしての「対象」］（の存在）は否定しない（コトが多い）。要は、①と②との関係はさておき、更には、②についての賛否はさておき、「存在は認める」という態度をとるコトが多い。あるいは、「①と②を個々的に承認する」という態度をとる。ただ、「個々的承認」といっても、①が、［「観察する側」の設定した「枠組み」で捉えられ表現される］というコトから、結果的には、②の［システムとしてすでに存在しているモノ］とは独立的に存在しているモノのように位置づけされるコトもある。このようなコトが、「社会保障法研究」における「対象」の不明確性をもたらし、研究の深化を妨げる結果を生じさせている。何度も述べているように、「社会保障法研究」の深化は、「対象」の明確性によって確保される。「対象」としての明確性というモノは、話し相手に対してであれ、自分自身の中においてであれ、確保されなければならない。明確性の確保は、「社会保障法」というような、「何らかのことば」で表現される固定的なソレ自体によって為されるのではなく、まずは、「対象」とされているモノが、「対象」として変容しながら現象しているというコト自体を基盤として、ソレをどのようなモノとして描くか、というコトにかかっている。

「社会保障法」を「対象」とする試み
——(テーマの設定と扱う項目)

テーマの設定

「対象」としての明確性を確保するためには、①「対象」とされているモノは、②「どのような描き方で」描かれなければならないのであろうか。この「問い」はあまり難しいモノではない。なぜなら、①の[「対象」とされているモノ]は、「社会保障法」だからである。問題となるモノは②のようであるが、コレについても難しいモノではない。なぜなら、②は、[結論としての「描かれた絵」の「姿」]を直接求めてはおらず、②で求められているモノは、「どのような描き方で」となっているからである。そうすると、ココで求められているモノは、「対象」＝「社会保障法」＝の有している「法的独自性」というモノについて、「誰にとってでも同じようになる描き方としての表現方法」とはどのようなモノか、というコトになる。

> #### この章で扱う項目
> Ⅰ 「枠組み」で「社会保障法」を「対象」とするコト
> Ⅱ [「関係のありよう」と「責任のありよう」] という「枠組み」で「社会保障法」を「対象」としてみる
> Ⅲ [「関係のありよう」と「意思のありよう」] という「枠組み」で「社会保障法」を「対象」としてみる
> Ⅳ [「責任のありよう」と「意思のありよう」] という「枠組み」で「社会保障法」を「対象」としてみる
> Ⅴ [「関係のありよう」と「責任のありよう」と「意思のありよう」] という「枠組み」で「社会保障法」を「対象」としてみる

「枠組み」で「社会保障法」を「対象」とするコト

　「対象」について、「誰にとってでも同じようになる描き方としての表現方法」とはどのようなモノか。このコトについての前提となるのは、「関係のありよう」や「責任のありよう」という点において法的独自性を有するモノに対して、名称としての「社会保障法」が付されている、というコトの承認である。ソノ「関係のありよう」や「責任のありよう」における法的独自性とは、近代市民法における「関係のありよう」や、近代市民法における「責任のありよう」との関係での法的独自性である。このような「表現方法」は、「表現された結果」がどのようなモノとなっているかはともあれ、どのような研究者であっても承認せざるを得ないモノである。何度も述べているように、「社会保障法」を「対象」とする試みに求められているコトの一つは、「対象」としての明確性を確保出来ているコトである。例えば、[「関係のありよう」と「責任のありよう」]という「枠組み」で「社会保障法」を「対象」とする試みは、ソノ一つの具体例である。コノ場合、例えば、横軸は「関係のありよう」の軸とされ、縦軸は「責任のありよう」の軸とされるコトとなる。横軸の一方の極には、近代市民法的な「関係のありよう」を表現する「分断・排除」が、他方の極には、「関係のありよう」をソレと対比的に表現する「連帯」が設定される。縦軸の一方の極には、近代市民法的な「責任のありよう」を表現する「私的な責任」が、他方の極には、「責任のありよう」をソレと対比的に表現する「社会的な責任」が設定される。社会保障関係の現実の法現象が、「枠組み」のどこに位置づけされるかは別として、コノ「横軸」と「縦軸」によって表現されているモノは、「関係のありよう」と「責任のありよう」による「社会保障法」の「対象」化というコトになる。

[「関係のありよう」と「責任のありよう」] という 「枠組み」で「社会保障法」を「対象」としてみる

(図)　「関係のありよう」と「責任のありよう」の組み合わせ

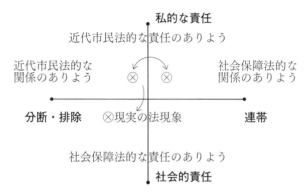

[「関係のありよう」と「責任のありよう」] という「枠組み」で「社会保障法」を「対象」としてみよう。重要なコトは、「表現方法」に要請されているコトが、「対象」を明確化するためのモノである、というコトである。「傷病」という出来事自体は、「誰」が「どのように」対応すべきかというコトは、当初から決められているモノではない。近代市民社会では、「傷病」という出来事は、例えば、[「個々人」＝「分断・排除」] の [「自己責任」＝「私的な責任」] で対応がなされたと表現できるかもしれない。そのような対応の仕方を規定していたモノが「近代市民法」であった。「社会保障法」の法的独自性は、そのような「近代市民法」との関係で認識されるので、「社会保障法」は、例えば、[「関係のありよう」と「責任のありよう」] という「枠組み」で「対象」化するコトが出来るモノ、というコトとなる。

[「関係のありよう」と「意思のありよう」] という 「枠組み」で「社会保障法」を「対象」としてみる

（図） 「関係のありよう」と「意思のありよう」の組み合わせ

任意

近代市民法的な意思のありよう

近代市民法的な
関係のありよう　　　⊗　　　⊗

社会保障法的な
関係のありよう

分断・排除　　　⊗現実の法現象　　　連帯

社会保障法的な意思のありよう

強制

　横軸の一方の極には、近代市民法的な「関係のありよう」を表現する「分断・排除」が、他方の極には、「関係のありよう」をソレと対比的に表現する「連帯」が設定される。縦軸の一方の極には、近代市民法的な「意思のありよう」を表現する「任意」が、他方の極には、「意思のありよう」をソレと対比的に表現する「強制」が設定される。コノ「枠組み」は、ソノ法的独自性が、近代市民法との関係で現象するコトになる「法」を念頭に置くことによって作られるモノであり、結果として、法的独自性を有する「法」としての「社会保障法」を、明確な「対象」として可視化するモノとなる。すなわち、「社会保障法」を考察の「対象」とするとしながらも、実際の研究の場においては、ソノ「対象」（とされているモノ）が明確なモノとなっていない事態に対応可能なモノが、コノ「枠組み」である。

[「責任のありよう」と「意思のありよう」] という 「枠組み」で「社会保障法」を「対象」としてみる

（図）「責任のありよう」と「意思のありよう」の組み合わせ

「社会保障法」は、[「責任のありよう」と「意思のありよう」] という 「枠組み」によっても、考察される「対象」としての「姿」を現すコト になる。このような「枠組み」は、観念的に作られるものではない。コ ノコトについて思いだしていただきたいコトは、〈「システム」として存 在している [「コト」・「モノ」] としての「社会保障法」〉（2－3－Ⅰ以 降で触れている）というコトについてである。つまり、今まで述べてき たいくつかの「枠組み」は、観察する私たちによって設定された恣意的 な「枠組み」ではなく、そのような、観察する私たちをも規定する包括 的な「システム」としての「社会保障法」が有する、自らを「対象」と する機能によって設定された「枠組み」としての性質から導き出された モノなのである。

［「関係のありよう」と「責任のありよう」と「意思のありよう」］という「枠組み」で「社会保障法」を「対象」としてみる

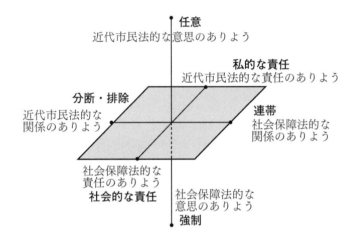

「立体」の「枠組み」は、二次元的な「枠組み」以上に、「社会保障法」を「対象」としてみるコトに力を発揮する。「対象」としての「社会保障法」の「姿」が、一層明確なモノとなり、「ある事柄」についての［限定的「深掘り」からの脱却］の糸口が見えてくる。ただし、「枠組み」を「立体」的なモノにするだけでは、「枠組み」が十分なモノとなったとはいえない。重要なコトは、二次元的な「枠組み」を「立体」的なモノとするコトによって、「何」が手に入ったかを意識するコトである。「手に入った価値あるモノ」は、「立体」的な手法によって手に入った「答え」ソレ自体ではなく、［二次元的な「枠組み」を「立体」的なモノとする手法］とは「どのようなコト」を生じさせるモノなのか、というコトに気持ちを向かせるコトになる「ソノきっかけ」である。

［「対象」を手掛かりにした「社会保障法」 へのアプローチ］のための補足テーマ

［「△△△」へのアプローチ］

　［「△△△」へのアプローチ］という場合、「△△△」はアプローチされる「対象」である。アプローチの手法はさておき、アプローチされる「対象」は明確でなければならない。「△△△」の部分に「ボランティア」を入れて考察の「対象」としてみよう。2015『世界ボランティア白書（ガバナンスの変革）』UN volunteers inspiration in action（日本語版サマリー）（8 ページ）は、「この白書で用いられるボランティアリズムの定義には「自由意思且つ一般的な公益のために行われる活動で、金銭的な報酬を主たる動機としないもの」という文言が見られます」としている（1）。ここに見られるように、ボランティア行為は、一般的には「自発的な意志に基づき他人や社会に貢献する行為」とされ、活動のもっている性格として、①「自主性（主体性）」、②「社会性（連帯性）」、③「無償性（無給性）」等が挙げられる。ココで重要なコトは、ボランティア行為というモノが、①「自主性（主体性）」、②「社会性（連帯性）」、③「無償性（無給性）」等の「ことば」で表現される行為である、というコトではなく、ソノ時点まで気づかれなかったコトが、①「自主性（主体性）」、②「社会性（連帯性）」、③「無償性（無給性）」等によって表現される行為として発見されたというコトである。さらにいうなら、ココで気にかけるべきことは、①「自主性（主体性）」、②「社会性（連帯性）」、③「無償性（無給性）」等が、正しいか否かではなく、例えば、［①「意思」、②「関係」、③「対価」等］というような「枠組み」で表現される「何らかの行為」が現象化したというコトである。ソノ［①「意思」、②「関係」、③「対価」等］というような「枠組み」で表現される「何らかの行為」について、私たちは「ボランティア」という「ことば」を充てて

いるだけなのである。従って、為すべきことは、[「ボランティア」とは何か] ではなく、むしろ [「逆」のコト] である。「名称」ではなく、現代社会で「ボランティア」という「ことば」で表現されている [「対象」となるモノ] にアプローチしなければならないのである。「ボランティア」についての経緯を一般化するなら、ソレは、①「自主性（主体性）」、②「社会性（連帯性）」、③「無償性（無給性）」等のような、[抽象度の高い「ことば」] を使用するコトによって、ソノ内容を説明できるような [「固有名詞」的なモノ] を創り出し、ソレが時間の経過とともに [「普通名詞」的なモノ] となっていく過程というコトになる。

　『この本』でなしている「社会保障法」へのアプローチとは、①「対象」、②「論理」、③「分類・整序」、④「解釈・理解・価値評価」、⑤「説明・表現・技術」等のような、[抽象度の高い「ことば」] を使用するコトによって、ソノ内容を説明できるような [「普通名詞」的なモノ] となってしまった、かつての [「固有名詞」的なモノ] へのアプローチ、というコトになる。そのような意味で、第 2 部でなしてきたコトは、現代社会で、「社会保障法」という「ことば」で表現されている [「普通名詞」的なモノ] となってしまった [「対象」となるモノ] へのアプローチというコトとなる。

（1）http://unv.or.jp/wp/wp-content/uploads/2016/10/Summary_JPN_v3-1.
　　　pdf、（2016 年 4 月 7 日アクセス）

「論理」を手掛かりにした
「社会保障法」へのアプローチ

——〈探究する私たちにとっての「論理」(「ソモソモ」)〉と〈「社会保障法」に内在する[「社会保障法」の「論理」](「深掘り」)〉——

「論理」を手掛かりにした「社会保障法」へのアプローチ
──〈探究する私たちにとっての「論理」(「ソモソモ」)〉と〈「社会保障法」に内在する[「社会保障法」の「論理」](「深掘り」)〉──

　第3部では、「論理」を手掛かりにして「社会保障法」へのアプローチを試みるコトとなる。改めて言うまでもなく、「論理」というモノは、「テーマ」の選定から、結論部分にまでかかわっている。ソレにもかかわらず、為されてきた「社会保障法」研究の多くが、「論理」(というモノ)を意識しながらのモノではなかった。もう少しいえば、ココで言いたいことは、為されてきた研究が論理的であるか否か、というコトではなく、「論理」(というモノ)を意識したモノとして「社会保障法」研究(というモノ)が為されてこなかったというコトである。では、なぜ、「論理」(というモノ)を意識した研究が為されなければならないのであろうか。ソレは、「論理」(というモノ)が意識されない場合に、研究という「場」で生じるコトが「とんでもないコト」になるからである。生じるコトになるコトの一つが、「前提」や「推論」を無視した、[「結論とされる部分」(の好き嫌い)だけで判断される正邪]の生成である。たとえば、「ある論理(A)」によって得られた「結論としての(B)」があったとして、つぎに、「(B)ではない(C)という結論」を得たいがために、「論理(A)」を変化させるというコトをどのように考えるべきなのか、というようなコトは、とても大切なコトでありながらも、ほとんど顧みられないコトとなる。結果として、「論理」(というモノ)を意識しているか、否か、というコト、ソレ自体に気づかないママになされる、飼いならされた思考と実践が蔓延するコトとなる。

　運よく「論理」(というモノ)を積極的に意識しようとしても、やっぱり行き詰ってしまう。この場合、[ひょっとしたら、「問い」の立て方を間違えたのかもしれないとして、立ち止まった地点から道を少しさかのぼるという方法を選択するコトもある。コレは、「ソモソモ」、[「論理」

というモノを手掛かりにするというコトとは、一体どういうコトなのか」という、「問いの意味」ソレ自体を「問い」として「設定」するというようなモノである。ところが、もう一つの「深掘り」の道も私に誘いをかけてくる。「論理を手掛かりにアプローチすると言っているのだから、論理を手掛かりにアプローチするのに決まっているではないか」という誘いに乗った私は、ソノ地点で踏みとどまり、さらに、ソレを「深掘り」してゆく。コレはコレでよく通る道である。しかし、この道の先には、［だから……そうはいっても、何らかの形で存在している、手掛かりとしての具体的な「何か」があるでしょ‼］という「誘惑」が待ち受けており、考察しようとしている「論理」（というモノ）について、具体的に存在しているモノを手掛かりにすればよいのではないか、というところに突き進んでゆくコトになる。第3部では、「論理」（というモノ）を積極的に意識するとして、道筋を二つ設けた。一つは、［探究する私たちにとっての「論理」］というコトに依拠した道筋であり、もう一つは、〈「社会保障法」に内在する［「社会保障法」の「論理」］〉というコトに依拠した道筋である。

第3部の具体的な構成

第1章　導入──「社会保障法」に当てはめる「問い」
第2章　探究する私たちにとっての「論理」（というモノ）
第3章　「社会保障法」に内在する［「社会保障法」の「論理」］
第4章　［探究する私たちにとっての「論理」（というモノ）］と「社会保障法」に内在する［「社会保障法」の「論理」］
第5章　「論理」を手掛かりにして「社会保障法」を表現する

導入
──「社会保障法」に当てはめる「問い」──
（テーマの設定と扱う項目）

テーマの設定

　最初の答案は、①公的扶助は税金が財源である（前提）、②生活保護は税金が財源である（前提）、③したがって、生活保護は公的扶助である（結論）というモノで、「前提となるモノ」についても、「結論となるモノ」についても、一つ一つの具体的な内容は「正しい」コトになっている。ただ、答案にみられる推論が、①ＡはＢである。②ＣはＢである。③したがって、ＣはＡである、という型であるコトに気がついた。コノ型の推論は、①鳥は空を飛ぶ（前提）、②飛行機は空を飛ぶ（前提）、③したがって、飛行機は鳥である（結論）、というようなモノである。「論理を徹底しよう」という私は、いろんなコトが心配になってきた。二枚目の答案は、①税金が財源であるものは公的扶助である（前提）、②生活保護は税金が財源である（前提）、③したがって、税金が財源である生活保護は公的扶助である（結論）というモノであった。私は、何が何だか分からなくなってしまった。

この章で扱う項目
Ⅰ 　［「社会保障法」にアプローチすると称して為されているコト］を、［「論理（というモノ）」］を手掛かりにして見てみる
Ⅱ 　［「抽象的」な「社会保障法」にみられる「論理」］と［「具体的」な「社会保障関係法」にみられる「論理」］
Ⅲ 　「社会保障法」にアプローチするために必要になる「論理」
Ⅳ 　［システム化した「社会保障法」自体］が［「社会保障法」を「論理」化するコト］はないのか
Ⅴ 　［アプローチされる「社会保障法」］を表現する「論理」

［「社会保障法」にアプローチすると称して 為されているコト］を、「論理（というモノ）」を 手掛かりにして見てみる

　期末試験を採点していた私は、答案の構成が、①結論を導くための「前提」としてのいくつかのコトの結果として、②当然のように「結論」が導かれるモノとなっているかが心配になってきた。そこで、わたしは、そのような気持ちで答案を見直すコトにしてみた。ソノ（設問）は、「残業はボランティアか」であった。答案には、①ボランティアは有償である（前提）、②残業は有償でない（前提）、③したがって、残業はボランティアではない（結論）、というモノで、「前提となる事実認識」は正しくないが、「結論となるコト」については正しいというモノである。コレは、①ＡはＢである。②ＣはＢでない。③したがって、ＣはＡではない、という型である。「まてよ、推論はどうだろう」となったわたしは、コノ答案が、①［「何があっても、とにかく、ボランティアというものは有償である」というコト］であれば、②［「残業は有償ではない」というコト］から、③「結論」は、［「有償ではない残業はボランティアではない」というコトになってしまう］というモノで、論理的である、というコトに気がついた。ココで私が行ったコトは、答案が「論理的」であるか？というコトについての検証である。直後に、私は、「しかし待てよ」となってしまった。そうなった私は、［「論理（というモノ）」を手掛かりにして］というコトは、一体どういうコトなのか、というコト自体が気になってしまったのである。次のコトはとても大切である。それは、①［「論理（というモノ）」を手掛かりにして］「社会保障法」にアプローチするというコトは、②「社会保障法」が「論理的」なモノであるのか？というコトとは別のモノである、というコトである。②は、①の一部分ではあるけれども、「①ソノモノ」ではない。

［「抽象的」な「社会保障法」にみられる「論理」］と ［「具体的」な「社会保障関係法」にみられる「論理」］

「社会保障法」と「社会保障関係法」は別のモノである。であるから、「論理」を手掛かりにした「社会保障法」へのアプローチという場合に、まずは、①［「抽象的」な「社会保障法」にみられる「論理」］と、②［「具体的」な「社会保障関係法」にみられる「論理」］についての考察をなさなければならない。ところが、②はともかく、①はどうすれば上手くいくのだろう、となってしまう。はたして、描くための手掛かりはあるのだろうか。どのようなモノとなるかは別として、手掛かりは、「近代市民法」との関係で現象したとされる法的独自性が、「社会保障法」の法的独自性というコトになっている、というあたりにありそうである。例えば、「ある事柄」についての対応を表現する際に、「近代市民法」においては「論理」は、○○○のように機能しているのに対して、「社会保障法」の場合は×××のように機能している、というようにである。為さなければならないコトは、多分、「具体的」な「社会保障関係法」の生成の過程で現象した、［「特殊性」を「普遍的なモノとする」］というコトについての、「論理」との関わり具合の探究というコトになりそうである。とすれば、念頭に置かなければならないコトは、ソモソモ、「法的独自性」が「論理」というモノとどのように関わっているモノなのかというコトについてである、となる。だからといって、作業が観念的なモノとなってしまった場合には、ソレコソ、「論理」的ではないというコトになってしまう。「近代市民法」と比べた場合に、「具体的」な「社会保障関係法」の生成の過程という法現象に法的独自性が見られるというコトを、「論理」というモノとのかかわりに関して言えたら、「何か」を表現できそうである。

「社会保障法」にアプローチするために必要になる「論理」

　「社会保障法」であれ、何であれ、ソレがどのようなモノであるかを表現するためには「論理」が不可欠である。求められるコトになるコトは、①と②を「前提」としたときに、「結論」としての③が導かれるコトになるか、というようなコトである。このコトは、①、②、③のそれぞれの内容が独立的に正しいというコトと同義ではない。[「社会保障法」とはこのようなモノである]というコトを、結果として手に入れようとした場合、大切なコトは「結果の内容如何」ではなく、[「社会保障法」とはこのようなモノである]というコトに至らせたコトに、「論理」がどのように関わっているのか、というコトなのである。「項目見出し」にある、[アプローチするために必要になる「論理」]という部分が意味しているコトは、①[アプローチするためには、「論理」というモノが必要である]というコトであり、更には、②「答え」としての「このような論理が必要」というコトである。①と②について説明しようとした場合、②のほうが困難そうであるが、実は、いい勝負である。なぜなら、①については、[「論理」というモノが必要とされます]というコトについて、説明しなければならないからである。ソレに対して②の場合は、[「このような論理が必要」というコト]が言えれば、それなりの「答え」というコトになる。ただし、[それなりの「答え」]については、さらなる「なぜ」が待ち受けている。ソノ「なぜ」に対応するためには、アプローチされる「社会保障法」について、ソノ法的独自性を、「論理」という点で見るコトが出来るようにさせているモノを見つけ出さなければならない。「論理」という点で、[ソノ法的独自性を見るコトが出来るようにさせているモノ]は、「近代市民法」が「論理」という点で身につけているモノとは異なる、独自のモノである。

［システム化した「社会保障法」自体］が ［「社会保障法」を「論理」化するコト］はないのか

　［「社会保障法」の「論理」化］は、「社会保障法」の外部からの働きかけだけによって生じるモノではない。［システム化した「社会保障法」］であるので、「社会保障法」自体が［「社会保障法」を「論理」化するコト］になる。私たちがアプローチを試みているのは、［「システム」として存在している「コト」・「モノ」としての「社会保障法」］である。前にも述べたが、［「システムとして存在している「コト」・「モノ」］というコトであるから、［「システムとして存在している「コト」・「モノ」として承認されるための何らかの要件」を充たしたモノ］として、ソレがあるというコトである。従って、「システム」と称してよい「モノ」という結果を手に入れた場合には、ソレは、「システム（一般）」としての性格を具備している、というコトになる。問題となるのは、［「システム（一般）」としての性格］というモノである。ソノなかには、たとえば、「システムとされているモノ」が内包している自律性や自己規定といったモノも含まれている。それらの基盤をなしているモノが、自らを［「論理」的な存在として維持する機能］である。ソノコトは、「システム」としての政治、「システム」としての人体、「システム」としての自然、等などにおける場合と同様である。「具体的」な「社会保障関係法」の生成の過程で、「近代市民法」との関係という意味において現象化した法的独自性が「社会保障法」の法的独自性である。その法的独自性というモノを、普遍的なモノとして保有するモノが「社会保障法」である。コノ現象化したモノは、もちろん、固定的なモノではなく、常に、「具体的」な「社会保障関係法」と相互規定的関係にあるコトから、［自らを「論理」的なモノとして維持する機能］を発揮するコトになる。

［アプローチされる「社会保障法」］を表現する「論理」

　［アプローチされる［「社会保障法」］と「論理」の関わり方は二様である。一つは、〈「アプローチを試みる側」が表現する［「社会保障法」と「論理」との関わり］〉であり、もうひとつは、〈「システムを内包した（モノとしての）社会保障法」にみられる、［「社会保障法」と「論理」との関わり］〉である。前者と後者は、相互に規定的であるにもかかわらず、今までなされてきた研究は、意識しているか否かは別として、相互の独立性を強く保っている。例えば、［「論理」との関わり］というコトについての「得られる答え」のみに光を当てれば、両者の間の独立性が顕在化しているように見える。しかし、そうはいっても、「論理」というモノソレ自体が、「考察対象となるモノ」からは独立したモノとして存在しているというコトから、「論理」にウェイトを置くなら、差異は顕在化しにくいコトになる。

　ココで、「社会保障法」を表現する「論理」の二様性としたのは、実は、今述べたような「生じる結果の二様性」に光を当てるためであって、「論理」自体が「二様」である、というコトを表現しようとしたからではない。〈「アプローチを試みる側」が表現する［「社会保障法」と「論理」との関わり］〉として表層化するモノは、「アプローチを試みる側」が表現したいコトと密接に結びついているが、コレは、実は、「システムを内包した（モノとしての）社会保障法」に規定されたモノとしてある。他方、〈「システムを内包した（モノとしての）社会保障法」にみられる、［「社会保障法」と「論理」との関わり］〉として表層化するモノは、「社会保障法」の法的独自性と密接に結びついている。なぜなら、「具体的」な「社会保障関係法」等の生成の過程で、「近代市民法」との関係という意味において現象化した法的独自性が「社会保障法」の法的独自性であるからである。

探究する私たちにとっての「論理」（というモノ）
——（テーマの設定と扱う項目）

テーマの設定

　ココでのテーマは、①「社会保障法」（というモノ）を探究する私たちにとって、「論理」（というモノ）はどのようなモノとしてあるのであろうか、というコトを基盤として、②探究する私たちは、「論理」（というモノ）をどのようなモノとして位置づけ、扱っているのであろうか、というコトに接近するコトである。①は、「近代市民法」との関係で、法的独自性を有するとされる「社会保障法」（というモノ）が、はたしてどのようなモノなのか、というコトについての「答え」を手に入れようとしている私たちにとって、「論理」（というモノ）はどのような位置を占めるモノとなっているのか、という前提的なモノであり、②は、「社会保障法」（というモノ）を探究する私たちが、ソノ方法として、「論理」（というモノ）をどのように使っているのかという、どちらかというと具体的なコトである。①と②は相互に規定的であるので、両者について論じるコトが出来るような「項目建て」としている。

3
・
2

> #### この章で扱う項目
> I 「社会保障法」（というモノ）を表現する際に必要となる「論理」
> II ［「社会保障法」における「論理」］は独立的なモノとして存在しないのか
> III ［「社会保障」にウェイトを置いた場合の「論理」］と［「法」にウェイトを置いた場合の「論理」］
> IV 「導き出したい結論」と「論理」
> V 「社会保障法」（というモノ）を表現する「論理」

「社会保障法」（というモノ）を表現する際に必要となる「論理」

　「近代市民法」との関係で、法的独自性を有するとされる「社会保障法」（というモノ）がどのようなモノなのかについて、「このようなモノである」と表現する場合、ソレが正当なモノであるためは、「このような根拠」があるので、「結論」として「このようなモノだといえる」コトになるという「論理」が必要とされる。コノ「論理」は、簡単にいえば、「前提」があって、「推論」をして、「結論」を導くというようなモノであるが、鍵を握っているモノは、「社会保障法」（というモノ）を表現する＝「結論」を活用して描く＝際に「前提」となりうるモノを、一体、「どのようにして手に入れるのか」というコトである。ソレについては、後に述べるとして、コノ「前提」とされるモノに要請されているコトについて触れておくと、ソレには、全体が正しい論証となるための、「根拠となりうる正しさ」が求められるというコトである。コノ「根拠となりうる正しさ」は論者の欲望から導き出されるモノではない。

　「社会保障法」（というモノ）は「このようなモノだ」と表現する＝「結論」的に描く＝場合に必要となる「論理」は、どのようなモノを「根拠」とするコトによって抽象的な「社会保障法」（というモノ）が現象したと言いうるのか、というコトと関わっている。従って、「近代市民法」との関係でみた場合、特殊であるとされる法現象が生成し、その特殊性が普遍化して、独自の法的性格を持ったモノが認識されるに至る歴史的過程は、「根拠」として極めて重要なモノである。[「社会保障法」（というモノ）を表現する＝「結論」的に描く＝際に「前提」とされるモノ]は、法的な諸現象の歴史的経緯を手掛かりとし、さらには、ソノ経緯によって描かれる軌跡を手掛かりとするコトによって、手に入れるコトが出来るモノである。

［「社会保障法」における「論理」］は 独立的なモノとして存在しないのか

　ココでの「問い」は、①「社会保障法」における「論理」は、法的独自性を有する「社会保障法」（というモノ）に規定されるモノなのか、それとも、②「社会保障法」（というモノ）が法的独自性を有するコトとは独立したモノとして、「論理」は存在しているモノなのか、というモノである。結論からいうと、逃げているみたいであるが、どちらかを選択できるようなモノではなく、①でもあり②でもある、というコトになりそうである。では、なぜ、どちらかを選択できるようなモノではないのだろうか。ソレは、もちろん、「論理」（というモノ）と関係している。「論理」は、関わる場面がどのようなモノであっても、「論理」ソレ自体として独立的に存在しているモノである。ソノ意味では②である。しかし、「論理」がどのような役割の果たし方をしているかは、具体的な「場面」、「場面」で異なっている。ソノ異なり方の「ありよう」は、ソレコソ、「具体的」な「場面」で、どのような役割を担わせられて「論理」（というモノ）があるのかによって異なってくる。ソノ意味では①である。言い換えれば、②のような「姿」で存在しているモノが、確立されたモノとして「事前」にある「論理」（というモノ）であるのに対して、①は、②としての「論理」（というモノ）の、それぞれの具体的な「場面」、「場面」での「具体的」な「ありよう」なのである。というコトから、法的独自性を有する「社会保障法」（というモノ）についての論考であっても、例えば、「法」（というモノ）が有する共通したモノを基盤として論考する場合においては、「法的独自性」に光を当てた「社会保障法」（というモノ）について論考する場合とは異なる「ありよう」で、「論理」はソノ役割を果たすコトになる。

3
・
2
・
Ⅱ

［「社会保障」にウェイトを置いた場合の「論理」］と
［「法」にウェイトを置いた場合の「論理」］

　ココで述べるコトは、先ほど述べたコトの延長線上にある。

　「社会保障法」という「ことば」が、［「社会保障」という言葉］と
［「法」という言葉］が組み合わせられた結果としてあるコトからも分か
るように、アプローチされるコトになる「社会保障法」には、①［「社
会保障」が有する質的なコトに傾注した「モノ」］としての側面と、②
［「法」が有する質的なコトに傾注した「モノ」］としての側面が共存し
ている。そして、それらは、常に相互依存的関係を保っている。コノ場
合、「論理」（というモノ）は、一方では、「社会保障法」（というモノ）が
法的独自性を有するというコトとは独立したモノとして存在し、同時
に、他方では、①と②という形で表現された、それぞれの現実との関係
で存在するコトとなる。さらには、①と②を共有した、「社会保障法」
（という一つのモノ）との関係で存在している。すなわち、「論理」は、一
方では、ソレがどのように説明されるモノであるかは別として、ソレ自
体として捉えられるコトになる。同時に、他方では、「論理」は、所与
のソレゾレの現実の下ではあるが、「論理」ソレ自体としての役割を果
たしている現実との関係で捉えられるコトになる。コノ場合、所与のソ
レゾレの現実の下で役割を果たすコトになった「論理」は、どの程度の
「論理」性を有しうるモノになるのであろうか。ココで注意しなければ
ならないコトは、ソレゾレの場面で具体的に使用される「論理」という
場合と、「論理」（というモノ）ソレ自体という場合は、位相を異にして
いるコトについてである。ただし、①［「社会保障」にウェイトを置い
た場合の「論理」］と、②［「法」にウェイトを置いた場合の「論理」］
は、果たす役割はソレゾレであっても、「論理」（というモノ）ソレ自体
としては独立した一つのモノとしてある。

「導き出したい結論」と「論理」

　日常生活での「困りごと」は山ほどある。そのうちの一つを取り上げても、解決方法は「場面」、「場面」で異なる。コノ場合、「解決されるべき事柄」は、「導き出したい結論」との関係で様々なモノとして「姿」を現す。ソレコソ、調子がよい時は、一つであった（ように思われていた）「解決されるべき事柄」が、見事に転移して、複数の「解決されるべき事柄」となって「姿」を現す。

　たとえば、①設定された「解決されるべき事柄」が［「老化」による「○○○」］だったとしよう。コレは、極めて一般的で、誰でもがそのように感じているコトというコトで、論証される必要性がないコトとしてある、としよう。そして、②ソレを解決できそうな「商品」が売られようとしている。売る側は、ソノ「商品」が、［「老化」による「○○○を解決できるモノであるというコト」］を論証しなければならない。③そこで、例えば、「使用前」、「使用後」というような映像が流される。④売り手は、ソコにとどまらずに、「高価だ」という「解決されるべきコト」をクリアするべく、「一つ×××円」を「三つ△△△円」という具合に客観的に提示して、「高価だ」という「解決されるべきコト」をクリアする。④次に、「……時間以内の申し込み」、「先着……名様」という具合に客観的に示されて、買い手にとっての「欲しいけど、手に入るのか」という「解決されるべきコト」が、クリア出来そうに提示される。①での「解決されるべき事柄」が［「老化」による「○○○」］であったのに対して、④での「解決されるべき事柄」は「欲しいけど、手に入るのか」というところに転移している。ソノコトとの関係で、［「根拠」を示して「論証」しなければならないコト］が、①から④の場面で転移しているのである。

「社会保障法」（というモノ）を表現する「論理」

　先ほどは、買い手の抱えている「解決されるべき事柄」を、売り手が「根拠」を示して「論証」してくれた。[「買い手の求めているモノ」がどのようなモノかを表現する]にあたって、買い手の求めている「導き出したい結論」を、売り手が「論証」するようなモノとして、「論理」は機能した。ソコで、一挙にというコトになるが、では、[「社会保障法」がどのようなモノかを表現する]にあたって、「論理」とはどのようなモノとしてあるのであろうか。

　当初の「問い」は、〈[「社会保障法」と称されているモノ]を、わたしたちが、どのようなモノとして取り扱っているのか〉というモノであった。コノ「問い」は、〈[「社会保障法」と称されているモノ]を、どのようなモノとして取り扱っているのか〉が不明確であるという、「解決されるべき事柄」をわたしたちが抱えている、というコトに対応していた。さらに、コレは、「不明確である」というコトが「何らかのコト」を引き起こす、というコトと対応している。このような、何故ソレが「問い」となるのかという連続的遡りの「問い」は、実は、初発の「問い」に既に内包されており、ソレについては、「いちいち遡って問うコトをしなくてもよい」という構造になっている。類似の構造は、具体的で各論的なテーマについても見るコトが出来る。ただ、コノ場合は、〈[「社会保障法」と称されているモノ]を、わたしたちが、どのようなモノとして取り扱っているのか〉という、ソノコトが、具体的な「問題」に関わっているのでという理由で、遡るようなモノとしてではなく、連続的「深掘り」の対象となる。しかし、コノ場合は、「社会保障法」の有する「法的独自性」に光を当てた「常なる抽象化」を上手くやらないと、「ことば」を入れ替えただけのモノなのに、「論証」するコトができたと錯覚してしまう。

「社会保障法」に内在する［「社会保障法」の「論理」］
——（テーマの設定と扱う項目）

テーマの設定

　「論理」という場合、①［「社会保障法」について、「論理」との関係で、「観察する側」がどのように表現しているのか］という具合に「テーマ」設定した場合は理解を得やすい。たとえ、ソレについての「答え」が複雑なモノとなりそうであっても、「テーマ」設定自体は理解されやすい。しかし、②〈システムとしての「社会保障法」に内包されている［「社会保障法」の「論理」］〉とした場合は、なんとなく分かったような気がするとしても、ソレについて、他者に説明するのには困難が伴う。たとえ、説明が上手くできたとしても、面倒なコトが残ってしまう。なぜなら、①と②の個々のコトを、頭の中では理解していても、それらの個々のコトの理解のように思われるコトについての表現が、ソレ自体としては具体的なコトからは独立している共通した一つのモノ、すなわち、「論理」という一つのモノを手掛かりとして為されているからである。

　　　この章で扱う項目
　Ⅰ　「社会保障法」と「論理」の関係
　Ⅱ　［「システム」としての「社会保障法」］に内包される「論理」
　Ⅲ　「論理」を内包する［「システム」としての「社会保障法」］とは
　Ⅳ　［独自の法としての「社会保障法」］と［「社会保障法」の「論理」］
　Ⅴ　「論理」を手掛かりに「社会保障法」を表現する

「社会保障法」と「論理」の関係

　[「社会保障法」と「論理」の関係]は、まずは、①独自の法としての「社会保障法」というモノについて、「社会保障法」を「観察する側」が、「論理」（というモノ）を使用してどのように表現しているのかという形で存在している。コノ場合は、「観察する側」が、独自の法としての「社会保障法」をどのようなモノとして捉えているのかによって、「表現される結論」の「姿」に差異が生じる。極論すれば、「観察する側」の「こうあってほしい」という気持ちが先行し、「論理」はソレを論証するというような役割を担うコトになる。従って、「表現される結論」についての差異は、「観察する側」次第でアプローチを試みる「対象」としての「社会保障法」に差異がある、というコトとの関係によって導き出されるコトになる差異で生じる。そして、②「社会保障法」が「システム」として存在しているというコトから、そのような「社会保障法」には「論理」が内包されているという形で、「論理」は存在している。前者①においては、「論理」というモノの位置が「観察する側」に強く影響されたモノとしてあるのに対して、後者②においては、そのような心配はあまりない。ただし、後者においては、[内包されている「論理」]というコトに関係する事柄に気をつけなければならない。なぜなら、[内包されている「論理」]というモノは、「観察する側」をも包み込んだモノとして存在しているからである。もし、ある時点での静態的モノとして構造的に表現するコトが許されるなら、それらの①と②については、個別のモノとして表現するコトが可能である。しかし、実際には、法的独自性を有する「社会保障法」というモノが、生じている様々な法的現象との関係で現象したモノであるコトから、①と②は相互に規定的なモノとして、一つのシステムの中にあるモノなのである。

［「システム」としての「社会保障法」］に内包される「論理」

　［「システム」としての「社会保障法」］に内包される「論理」はどのようなモノなのであろうか。「答え」としての「〇〇〇のようなモノである」は、どうすれば手に入れるコトが出来るのであろうか。コノ場合、表出してはいないが、「社会保障法」が独自の法としてあるというコトは「問い」の中に既に含まれている前提であるから、「答え」としての「〇〇〇のようなモノである」を手に入れるためには、「社会保障法」が、どのような意味で独自の法としてあるのかを描かなければならない。ソノ際、アプローチされる「社会保障法」が、「対象」として明確であるコトによって、ソレに内包される「論理」が「姿」を現す。図式的には、①「近代市民法」には、［自らを「論理」的なモノとして維持する機能］が内包されており、②ソレから見た場合に、ソレとは相いれない（特殊な）「論理」によって支えられた具体的な法的諸現象が登場し、③ソコに見られる特殊性を、共通したモノとして備えた個別のモノが歴史的に生成するという歴史的過程を経て、④そのような個々のモノに見られる（特殊な）「論理」に共通してみられるモノを、普遍的な「論理」として内包しているようなソレが、［「システム」としての「社会保障法」］に内包される「論理」というコトになるのであろう。コノ場合、①、②、③、④のそれぞれにおいて、具体例を提示出来れば、図式的に述べたコトがある程度説明出来たというコトになる。例えば、［「傷病」という「出来事」］を採り上げて、①においては、当事者を拘束するモノとしての［「自由」を基盤とした「合意」］にまつわる「論理」について、②においては、当事者を拘束するモノとしての［「自由」を排除した「強制」］にまつわる「論理」について、「条件文」等を手掛かりに具体例を提示するコトは可能であろう。

「論理」を内包する［「システム」としての「社会保障法」］とは

　「論理」を内包する［「システム」としての「社会保障法」］とは、どのようなモノとしてあるのであろうか。例えば、単なる事実としての［「傷病」という「出来事」］を採り上げてみよう。重要なコトは、［「システム」としての「社会保障法」］が、独自の法としてあるというコトを前提としているという、折角のコトを放置しないコトである。大切なコトは、①「近代市民法」をソレとして維持させている［「近代市民法」に内包される「論理」］があり、②ソレから見た場合に、ソレとは相いれない（特殊な）「論理」によって支えられた具体的な法現象が登場し、③ソノ特殊性を共通したモノとして備えた個別のモノが歴史的に生成するという歴史的過程を経て、④個々のモノに見られる（特殊な）「論理」に共通してみられるモノが普遍的な「論理」として内包され、ソレが、［「システム」としての「社会保障法」］に内包される「論理」というコトになる、というコトである。結果として、［「システム」としての「社会保障法」］は、［「傷病」という「出来事」］について、当事者を拘束するモノとしての［「自由」を基盤とした「合意」］にまつわる「論理」によってではなく、ソレとは相いれない、［「自由」を排除した「強制」］にまつわる「論理」を、普遍的な「論理」として内包するモノとして存在するコトになる。その結果、例えば、「とんでもないと感じさせる法改正案」というような関係を生み出し、［自らを「論理」的なモノとして表現する機能］がシステムとして機能するコトになる。コノコトは、［システムとして存在している「社会保障法」］というモノが、ソノ時点で、そのような「モノとして」存在しているコトとの関係で、単なる事実としての「アル改正案」が、結果として、「とんでもないと感じられる法改正案」として現象したというコトである。

［独自の法としての「社会保障法」］と ［「社会保障法」の「論理」］

　［独自の法としての「社会保障法」］と ［「社会保障法」の「論理」］とは、どのような関係にあるのだろう。コレについては、少しだけ丁寧に、順を追って考えなければならない。注意すべきは、両者の関係についての「問い」を、例えば、［独自の法としての「社会保障法」］というモノは、［「社会保障法」の「論理」］に影響されるか否か、というような単純な「問い」にしてしまわないコトである。まず、①ココで、［「社会保障法」の「論理」］としている文中での「社会保障法」は、［法的独自性を有するとされる「社会保障法」］である。そして、② ［独自の法としての「社会保障法」］としているモノは、たびたび述べてきたたように、ソレ自体が、システムとして「論理」を内包しているモノである。そうすると、③一般的な意味での「論理」というモノが、［独自の法としての「社会保障法」］に内包されており、ソノコトの結果としてあるモノが、［「社会保障法」の「論理」］という「形」で現象しているモノなのである。④そのコトを、現代をも含んだ経緯として見るならば、⑤具体的な社会保障法的「法現象」は常に生起しており、ソレとの関係で、［独自の法としての「社会保障法」］というモノが変容しながら存在し、⑥ソノコトとの関係で、［「社会保障法」の「論理」］が生成するコトとなるが、⑦ソコでの ［「社会保障法」の「論理」］ も、また、［独自の法としての「社会保障法」］に包摂されるモノである。⑧従って、［独自の法としての「社会保障法」］と ［「社会保障法」の「論理」］との関係は、相互依存的関係、もしくは、相互規定的関係にある、というコトになる。このような関係を見るコトが出来る場面は、［独自の法としての「社会保障法」］を認識させる場面、例えば、「関係のありよう」というような場面や、「責任のありよう」というような場面である。

3・3・Ⅳ

「論理」を手掛かりに「社会保障法」を表現する

ココでの「社会保障法」も、もちろん、［独自の法としての「社会保障法」］である。ソレを「論理」を手掛かりに表現するコトが、ココでの為すべきことである。表現されるコトになる［独自の法としての「社会保障法」］というモノは、例えば、「関係のありよう」であるとか、「責任のありよう」というような「枠組み」を設定した場合に、ソノ独自性を表層化させる。表層化する独自性は、もちろん、「近代市民法」というモノが有している「関係のありよう」や「責任のありよう」の「姿」とは対極にあるモノである。「論理」を手掛かりに、そのような「法的独自性」を有している「社会保障法」を表現できるのであろうか。「社会保障法」が「法的独自性」を有しているモノであるとされているコトから、手掛かりとして使用される「論理」が担う役割は、そのような「法的独自性」を反映させたモノとしての表現をするというコト、というコトになる。先ほど、「表現できるのであろうか」としたのは、「論理」がそのような役割を担ったとしても、「論理」ソレ自体は、諸事情からは独立したモノとしてあるからである。「近代市民法」においては、「論理」は、中心的な価値である所有権絶対と契約自由の原則を維持補強するような役割を担ってソノ役割を果たす。ソレとの対比で、「社会保障法」において「論理」は、「関係のありよう」であるとか、「責任のありよう」というような「枠組み」を設定した場合に表層化する「法的独自性」を維持補強するような役割を担ってソノ役割を果たす。［「貧困」という事実］に対する対応でいうなら、［「貧困」という単なる事実］に対する「社会的責任」を維持補強するような役割を担って「論理」（というモノ）がソノ役割を果たすコトになる。そのような「法的独自性」を有しているモノが「社会保障法」である。

[探究する私たちにとっての「論理」（というモノ）] と「社会保障法」に内在する [「社会保障法」の 「論理」] ――（テーマの設定と扱う項目）

テーマの設定

ココで、ようやく、最後のコーナーに近づいてきた。① [探究する私たちにとっての「論理」（というモノ）]、そして、② 「社会保障法」に内在する [「社会保障法」の「論理」] について、個々的には、なんとなくわかったよう気持ちにさせられてしまった。①と②についての個々的な理解をさらに深めるというコトのために、あなたに残されているモノが「何」なのかといえば、ソレは、両者の関係を基盤としてソレゾレを理解し、そして、①と②を包み込んだ、トータルな「一つの塊」として捉えて再構成するという作業である。気持ち的には、なぜ、このようなコトをわざわざ考えるのか、というようになってしまいそうで、コレは、従来の観察者にとっては、ナカナカ困難な作業である。

この章で扱う項目

Ⅰ [探究する私たちにとっての「論理」（というモノ）] と [「社会保障法」に内在する「社会保障法」の「論理」] の存在

Ⅱ [探究する私たちにとっての「論理」（というモノ）] と [「社会保障法」に内在する「社会保障法」の「論理」] の関係

Ⅲ 「個々の承認というコト」と「観察者の態度」

Ⅳ [「統合された一つのモノ」としてあるコト] についての「観察者の態度」

Ⅴ [「統合された一つのモノ」としてあるコト] において、[探究する私たちの「位置」] はどのようなモノなのか

［探究する私たちにとっての「論理」（というモノ）］と ［「社会保障法」に内在する「社会保障法」の 「論理」］の存在

　「論理」を手掛かりにして「社会保障法」へのアプローチを試みる場合、気に掛けなければならないコトは、「論理」というモノが、一方では、［探究する私たちにとっての「論理」］というような「形」で存在し、同時に、他方では、［「社会保障法」に内在する「社会保障法」の「論理」］というような「形」で存在しているというコトについてである。為されている研究の多くは、前者のようなモノを基盤としている。後者のようなモノを基盤として為されているように見える研究であっても、ソレは、［「社会保障法」に内在する「社会保障法」の「論理」］というモノを観察しながら、［探究する私たちにとっての「論理」］を介した「形」で表現してしまうというコトになっている。結果として、前者は、①探究する側が持っている「論理」を使用して「社会保障法」を表現しようとするような「形」で存在するコトもあれば、②「社会保障法」の中にある「論理」を、探究する側が探り当てるというような「形」で存在するコトもある、というコトになる。コノ②に該当するようなモノは、時として、［「社会保障法」に内在する「社会保障法」の「論理」］と混同されるコトとなる。コノ混同は、主に、「内在する」というコトについての理解の不十分性が原因で生じている。ココで注意しなければならないコトは、［「社会保障法」に内在する「社会保障法」の「論理」］ソレ自体は、探究する側の思惑からは独立したモノとして存在しているというコトである。すなわち、ココでいう［「社会保障法」に内在する「社会保障法」の「論理」］とは、「論理」を内包する［「システム」としての「社会保障法」］に内在する、そのような［「社会保障法」の「論理」］というコトである。

［探究する私たちにとっての「論理」（というモノ）］と ［「社会保障法」に内在する「社会保障法」の 「論理」］の関係

　では、［探究する私たちにとっての「論理」］と、［「社会保障法」に内在する「社会保障法」の「論理」］は、どのような関係にあるのであろうか。繰り返しになるが、このようなコトを考える場合、忘れてならない重要なコトは、①アプローチの「対象」となっている「社会保障法」が、ソモソモ、「論理」内在的な［「システム」としての「社会保障法」］として存在しているというコトであり、②その場合の「システム」というモノは、ソレ自体が、［「論理」内在的なモノ］としてある、というコトである。従って、①と②との関係は、②が基盤として存在し、ソレの具体的な一つの「形」として①がある、というモノとして存在しているコトになる。一見したところ、探究する人たちに任されたように感じられる［探究する私たちにとっての「論理」］ではあるが、実は、そうではなく、［探究する私たちにとっての「論理」］は、ソレ自体が、探究する対象としての「社会保障法」というモノに規定されたモノとしてあるのである。［探究する私たちにとっての「論理」］が、そのように、「社会保障法」に規定されたモノとしてあるコトは、［「論理」を内包するモノ］としてある［「システム」としての「社会保障法」］というモノの「姿」の一つの部分というコトもできる。①と②は、相互に独立した互いに緊張関係にある存在のように見えるかもしれないが、実は、そうではなく、②が①を包み込むような関係にあるのである。間違っても、研究者の自由な方法に任されたようなモノとして［探究する私たちにとっての「論理」］がある、と考えてはならない。一見したところ、自由な方法に任されたように感じるモノであっても、ソレは、トータルな［「システム」としての「社会保障法」］というモノの「姿」の一つの部分としてあるモノなのである。

「個々の承認というコト」と「観察者の態度」

　「社会保障法」を観察している研究者は、［探究する私たちにとっての「論理」］については承認するものの、［「社会保障法」に内在する「社会保障法」の「論理」］については懐疑的である。このようなコトが生じるのは、「論理」をみつけるコト、「論理」を使うコト、「論理」を押し付けるコト等などの、「論理」に係るコトが、「対象」を観察している側（研究者）に専有されたモノであると考えられているからである。「考えられている」というより、ソレは「当然のコト」とされているのである。［「論理」を手掛かりにして「社会保障法」を観察する］としたとしても、ソレは、［探究する私たちにとっての「論理」］のみの承認である。運よく、［「社会保障法」に内在する「社会保障法」の「論理」］についてまで視野に入れるコトが生じたとしても、ソレは、［探究する私たちにとっての「論理」］と［「社会保障法」に内在する「社会保障法」の「論理」］の「個々の承認というコト」になる。そうした場合、為されているコトは、［「対象」に内在している「論理」］を手掛かりとした「社会保障法」へのアプローチではなく、「観察する側の論理」で「対象」にアプローチするというモノである。このようなコトが生じるのは、「論理」（というモノ）は、［観察される「対象」に内在するモノとしてあるモノ］ではなく、あくまで、「観察する主体」に依存した形で存在しているとする基本姿勢があるからである。従って、為されているコトは、［観察される「対象」に内在する諸事項］を、［「観察者」の「論理」］で捉える、というコトである。「論理」というコトに関して「観察者」が為さなければならないコトは、「観察者」としての自分が為している「観察」が、「対象」が有する［「対象」に内在している「論理」］との関係で、どのような位置にあるのかというコトに気付くコトである。

［「統合された一つのモノ」としてあるコト］についての「観察者の態度」

　しかし、「社会保障法」を観察している研究者は、①［探究する私たちにとっての「論理」］と、②［「社会保障法」に内在する「社会保障法」の「論理」］について、それらが一つの「トータルなシステム」としてあることにコトについては、拒絶的である。ココで「拒絶的である」と表現したのは、①と②についての理解との関係で、結果的に、そのようになってしまう、というようなコトを意味している。このようになってしまう背景にあるモノは、「観察」しているコトについての自らの「位置」と「意味」についての解釈である。スナワチ、研究者自らが「観察者」となる場合、なされているコトは、「観察対象」を観察するという位置に特化しており、そのような「自らがなしているコト」自体を「観察対象」とするコトについては、全くといってよいほど認識対象外にさせている。ソノ結果として、研究者は、［探究する私たちにとっての「論理」］については明示的に態度を表明する。しかし、［「社会保障法」に内在する「社会保障法」の「論理」］というモノが、「システム」としての「社会保障法」の「論理」としてあるというコトについて十分に理解していないことから、「観察者の態度」は、「理解しないままでの態度表明」となってしまう。すなわち、アプローチの「対象」となっているモノがシステムとしての「社会保障法」であるにもかかわらず、その手続きは、［「対象」としての「社会保障法」をソレたらしめている「論理」］を手掛かりとするのではなく、もっぱら、［アプローチを試みる側の「論理」］を手掛かりとしているのである。このような「観察者の態度」は、［「対象」としての「社会保障法」をソレたらしめている「論理」］について理解できていないという次元での意図的なモノとしてある。

［「統合された一つのモノ」としてあるコト］において、［探究する私たちの「位置」］はどのようなモノなのか

　［探究する私たちにとっての「論理」］と［「社会保障法」に内在する「社会保障法」の「論理」］が、［「統合された一つのモノ」としてある］と頭の中で理解したとしても、「理解した」といわれるソノ結果は、［探究する私たちの「位置」］付けについていうなら、「理解した」といわれるモノとは、むしろ、逆の形のモノとなって、研究している者の態度を、更に強く表出させるというモノとして表出される。後に述べるように、実際に為されているコトがそのようなモノであるとしても、［「統合された一つのモノ」としてあるというコト］は、ソノコトをも包摂したモノとして存在しているのである。更に言うなら、［「統合された一つのモノ」としてあるコト］においての、探究する私たちの「位置」は、［「統合された一つのモノ」としてあるコト］に、すでに包摂されたモノとしてあるのである。言い換えると、探究し、ソノ結果を全体的なモノとして鳥瞰図的に描く「私たち」も、もちろん、「描かれている鳥瞰図」の中に「位置」を有しているのである。繰り返しになるが、［探究する私たちの「位置」］が、［「統合された一つのモノ」としてあるコト］の外側にあるという具合に、決して考えないコトである。［「統合された一つのモノ」としてあるコト］というように、コノ時点まで表現してきたのは、実は、そのように表現したほうが理解を得やすいであろう、というコトによるモノであって、私の表現したいコトを表現した結果というモノではない。みなさん達の想像通り、私の表現したいコトは以下のようなコトである。すなわち、［「社会保障法」という用語で表現されているモノ］ソレ自体が、私たちをも包み込んだ包括的なシステムとして「一つのモノ」としてあるコトになっている、というコトなのである。

「論理」を手掛かりにして「社会保障法」を表現する
——(テーマの設定と扱う項目)

テーマの設定

［表現される「対象」となる「社会保障法」］を［「観察者」の「論理」］で捉えるというコトであれば、［「論理」を手掛かりにして「社会保障法」を表現する］コトはあまり難しいモノではない、というように感じているかもしれない。もし、そうであるなら、ソレについては、少し訂正しなければならないであろう。なぜなら、ココでの［表現される「社会保障法」］とは、いうまでもなく、「近代市民法」との関係で独自の法とされている、システムとして「論理」を内包している「社会保障法」だからである。「論理」を手掛かりにして「社会保障法」を表現するという場合、ソノコトが意識されなければならないし、結果に反映されなければならない。というコトから、ココでは、分かりやすい「具体例」を手掛かりにしてみた。

この章で扱う項目

Ⅰ ［「併給禁止」・「併給調整」を巡る「論理」］を手掛かりにして「社会保障法」を表現する（量化）

Ⅱ ［「私的な責任」・「社会的責任」を巡る「論理」］を手掛かりにして「社会保障法」を表現する（入院時）

Ⅲ ［「任意」・「強制」を巡る「論理」］を手掛かりにして「社会保障法」を表現する（年金の任意加入）

Ⅳ ［「納付したコト」・「必要性」を巡る「論理」］を手掛かりにして「社会保障法」を表現する

Ⅴ ［「死亡」・「一身専属性」を巡る「論理」］を手掛かりにして「社会保障法」を表現する

［「併給禁止」・「併給調整」を巡る「論理」］を
手掛かりにして「社会保障法」を表現する（量化）

　一つ一つの「出来事」を質的に異なるモノであると考えるならば、それらの複数の「出来事」は複数の「出来事」のママである。これらの「出来事」のうちの何らかのモノは、時代を経るコトによって、「社会保障」の給付の対象となる「出来事」として位置付けされるようになる。ソノ後、それらの「出来事」が次々に生み出されてくると、「個々の給付」は、もはや「個々の給付」としてとどまらず、まとめて一つの「社会保障の給付」として現象するコトになる。ソノ結果、給付の原因である複数の「出来事」は、給付を必要としている一つの「出来事」であるかのようにみなされるコトが始まる。例えば、「出産を控え、労務に服していない女性の被保険者が、出産直前に怪我をして働けなくなった」というような場合である。一方では、「療養のため労務に服することができない」ということから、「傷病手当金」の受給権を有し（健保法99条）、同時に、「出産の日以前42日……労務に服さなかった期間」ということから「出産手当金」の受給権を有している（同102条）かのように見えるのだが、制度上は「出産手当金を支給する場合においては、その期間、傷病手当金は、支給しない」（同103条）とされる。コノコトについては、①Aとなった場合はBを給付する、②Cとなった場合はDを給付する、という、個別の契約のような二つのソレゾレのコトを支えている「論理」が一方にはあるが、しかし、「療養のため労務に服することができないこと」と「出産のため…」は、実は、「要所得保障の状態」としては同じモノであるから、片方が支給される場合、ソレによって必要性は「量的」には充足されるコトになるので、もう一方は支給される必要はないという「論理」が、制度的には台頭するコトになる。

［「私的な責任」・「社会的責任」を巡る「論理」」を
手掛かりにして「社会保障法」を表現する（入院時）

　「対応する責任のありよう」に係る「論理」を見せてくれるモノの一つに「入院時食事療養費の支給」がある。ココに見られるモノは、「ひと塊りのコト」ように見える「入院」という状態ではあっても、入院時の「食事のための支出」という「出来事」については、「私的な責任で負担する部分」と「社会的な責任で負担する部分」という具合に、「対応する責任のありよう」を整理し、再構成している「像」である。スナワチ、①在宅で療養している人々のことを考慮に入れるなら、「お米」・「水」などは「私的な責任で負担するべきモノ」としつつも、②「食事」を「薬剤」と同じように考えなければならない「食事療養」については、「社会的な責任として負担する」という風に考えるわけである。健保法85条は「被保険者……が、厚生労働省令で定めるところにより、第63条第3項各号に掲げる病院又は診療所のうち自己の選定するものから同条第1項第5号に掲げる療養の給付と併せて受けた食事療養に要した費用について、入院時食事療養費を支給する」（1項）とし、「入院時食事療養費の額は、当該食事療養につき食事療養に要する平均的な費用の額を勘案して厚生労働大臣が定める基準により算定した費用の額……から、平均的な家計における食費の状況を勘案して厚生労働大臣が定める額……を控除した額とする」（2項）としている。ココで見られる「論理」は、①「社会的な責任で負担するべき部分」についてのみ給付を行う、という「結論」を得るために、②かつては「医療の保障」として行われていた「給付」を細分化するコトによって、③「私的な責任で負担するべき部分」と「社会的な責任で負担するべき部分」に分け、④結果として、「社会的な責任で負担するべき部分」についてのみ給付がなされるというモノである。

［「任意」・「強制」を巡る「論理」］を手掛かりに して「社会保障法」を表現する（年金の任意加入）

　2004 年の年金関連法の改正を巡っては大きな議論があった。そして、同じ時期、いわゆる「障害学生無年金訴訟」についてもマスコミや世論はさまざまな議論を展開した。なされていた主張や議論は、一方で、「払った分だけもらえるのか」というようなモノであり、同時に、他方では、「20 歳を超えた学生を強制被保険者としなかったのは、間違っている」というようなモノであった。前者のような主張は、「払った分だけもらえないような制度に、強制的に加入させられるのはおかしい」というモノで、背景には「任意」への要望がある。そして、後者のような主張は、「任意加入にしておいたのが間違いで、強制的に加入させる制度にすべきであった」というモノである。「結論」としては正反対である「前者の主張」と「後者の主張」が、同一の主体によって、同時的になされるコトがあれば、ソレは問題を顕在化させるコトとなる。なぜなら、そのような主張は、「損か得か」というコトを拠り所としてなされているからである。「論理」というコトでいうなら、ソコにあるモノは、まずは、「結論」としての「損をしない」というコトである。当然のコトであるが、「損をしない」という「結論」を得るためのモノとしての［「社会保障法」的な「論理」］は不在である。ココで生じたコトを、「論理」を手掛かりにして表現するとするならば、「近代市民法」を支えている「論理」を手掛かりにして「社会保障法」を表現する、というモノに近いモノとなっていたといえる。人々が身につけたこのような思考方法を支えていた「論理」は、法的独自性を有する法としての「社会保障法」に内在するモノからは距離のある、「近代市民法」を支えている「論理」に近いモノであったといえる。

［「納付したコト」・「必要性」を巡る「論理」］を手掛かりにして「社会保障法」を表現する

　「社会保障法」は、「受給権」と「負担の義務」との関係をどのようなモノとしているのであろうか。鍵を握っているモノは、①国民皆保険体制が達成された後の社会保険の意味について、ソレ以前のコトとどのように関連させるのかというコトであり、②国民皆年金体制が達成された後の社会保険の意味について、ソレ以前のコトとどのように関連させるのかというコトである。現実の社会保険制度を、個別の制度の寄せ集めとして考えるならば、「受給権」と「保険料」の負担との関係は、個々の制度の中での自己完結的な事柄として考えられるコトとなる。しかし、①制度が統合され平準化してきた歴史的経緯があること、そして、②そのような歴史的経緯が存在するためには、ソレを導く上位の価値の存在が不可欠であるコト、さらには、③制度間の財政調整がなされているコトなどに関して、ソレゾレに見られる「結果」を産出する際に機能した「論理」に着眼するならば、「受給権」と「負担の義務」との関係は、「特定の個人の権利のための義務」というように接合されたモノとしてあるのではなく、［「必要性」を基盤とした「社会的権利」］と［「必要性」の生じている人たちに対応する「社会的義務」］として、相互に独立したモノとして存在しているというコトになる。コノコトは、社会保険の具体的な歴史的経緯を踏まえれば一層明確になる。すなわち、まず、①「単なる事実」のうちの「何らかのモノ」が、「社会的な対応が必要な事柄」であると選定され、ソレが社会によって承認される。続いて、②それらの幾つかが、「類型化された保険事故」として再構成され、③そのような「類型化された保険事故」に対応するための費用のありようが考え出された、という具合にである。

［「死亡」・「一身専属性」を巡る「論理」］を
手掛かりにして「社会保障法」を表現する

　現実の年金（保険）制度においては、「支給要件」・「給付内容」と「保険料の負担」との間には、関係の曖昧さが残っているかのように見える。しかし、「受給権の消滅」という観点からみた場合には、ソノ曖昧さは「姿」を消し、「社会保障法」の法的独自性が「姿」を現すコトとなる。「失権」については「死亡」が一般的なので「死亡」を採り上げるならば、「保険料を負担していた」かもしれないけれども、「死亡したコト」は、結果として、「必要性がある人ではなくなった状態」として位置付けされるコトになる。受給者本人が「死亡」したとしても「遺族が残されている」と考えるかもしれないが、実は、そうではなく、ソノ場合は、「遺族が残されている」という、新しく生じた別の事柄として、「必要性があるか、どうか」を判断するというコトになる。具体的に言うなら、①老齢（基礎・厚生）年金の受給権は、「受給権者の死亡」によって消滅するとされている。そして、②遺族（基礎・厚生）年金の受給権は、「受給権者の死亡」、「受給権者の婚姻」、「受給権者が養子になったとき」などに消滅するとされる。スナワチ、「社会保障法」的にいえば、あらかじめ類型化された「社会的に承認された必要性のある状態」に該当する場合に、「受給権」というモノは発生するとされているモノであるから、ソレを踏まえるなら、「社会的に承認された必要性のある状態」が存在しなくなった場合、例えば、「死亡」した場合には、消滅するモノなのである、というコトになる。「必要性のある状態にある人」の「受給していたモノ」が、「必要性のある状態にある人」の「死亡」によって私的に「相続」されるというような形で「姿」を現すコトはない。

［「論理」を手掛かりにした「社会保障法」への アプローチ］のための補足テーマ

［「論理」的に表現しようとされてしまうコトになる「児童」］

［「意図しているコト」の内容］］を上手く表現するコトは極めて困難なコトである。困難さの原因としてあげられるモノは、まずは、①表現を試みる人自身の中で生じる、［「意図しているコト」と「意図しているコトの内容」］を巡る混乱である。ソレは、「内容」と「意味」が混線するコトによって生じる。［「意図しているコト」の内容］］という場合の「内容」には、「コトに該当する部分」を別の言葉で言い換えたというようなモノと、「なぜ、ソレを意図しているのか」というようなモノの両者が含まれている。そして、次にあげられる困難さの原因は、②「意図しているコト」についての「ことば」と、［「意図しているコト」の内容］についての「ことば」の不在である。だからと言って、がっかりしてはいけない。あなたに困難さが生じているソノ状態は、とても素晴らしい状態なのである。何故かと言えば、まずは、①「表現したいコト」がしっかりしたモノとしてあり、②ソノコトとの関係で「ソレを上手く表現出来ていない」というコトが生じ、③「そのような自分のコトをあなた自身が意識出来ている」からである。

昭和22年の「児童福祉法」の制定を巡っては、［「児童」という「ことば」］は、大いに議論の対象となった。現行法にもあるように「児童福祉法」の「児童」は、年齢等によって、「乳児」、「幼児」、「少年」と分けられている。日常の会話の中で、「児童福祉法」の定めるとおりに、これらの「語」を、現代の私たちが使用しているかといえば、必ずしもそうではない。もっといえば、個々人の感覚からすれば、［「児童」と「少年」］とは、更に曖昧であろう。実は、コノ［「曖昧な」というコ

ト］が、ココで考えるコトと深くかかわっているのである。もう少し奥に入ってみよう。アル時点での法律上では、［「対象となるコト」と「語」］について、「1対1」という関係が出来あがっているとしても、ソノ周りに新しい「語」が登場するコトによって、ソノ時点に至るまで「論理」を支えていた「1対1」は揺さぶられるコトとなる。ただし、ソノ現象については、ナカナカ気づかれない。このようなコトを典型的に見ることができるのは、法律を作るにあたって、日常よく使用されている「語」が、法律の中の根幹をなす「語」として使用される場合である。そのようなコトが分かりやすい形で現れているモノは、例えば、「併し少年につきましても勿論女性を含むものと解釈いたしておるのでありますが、ここだけを児童とすることも、この法の全体からして非常に困難であるのでありまして、少年という字を特に使つたのであります。ただ、然らば児童福祉法という名前がどうかという御意見も亦出て来るのでありますが、これは以前にも申上げましたように、この本法の対象とするものが、いわゆる我々の考えております児童という概念に相應する部分のものが一番多いのであるということと、その他に適当な言葉が見つからない。こういう両方の面からこういう題名を使つておるような次第であります。」（［003/004］1-参-厚生委員会-22号昭和22年10月10日）（政府委員　米澤常道氏（当時）発言）（国会会議録検索システム2018年3月31日アクセス）というようなモノである。

［「論理」的に表現しようとされてしまうコトになる「老人」］

「児童福祉法」について生じたコトと同様のコトは、昭和38年の「老人福祉法」の制定を巡っても生じている。

「児童福祉法」の「児童」の定義については、年齢等によって区分して再構成するというコトで了解された。しかし、コノ了解は、［(抽象的なコトとなる)「年齢」と「対象となる人」］との関係における「論理」を先送りにするモノであった。確かに、［「児童」という「ことば」で表

現される人たち］については、「その人」が生まれて以降、地球が太陽の周りを何周したのかというコトと、「ソノ人に何が必要かというコト」が重なるように説明するコトも可能である。しかし、［「老人」という「ことば」で表現される人たち］については、「その人」が生まれて以降、地球が太陽の周りを何周したのかというコトと、「ソノ人に何が必要かというコト」を重ねるコト自体が「問題」を見えなくさせる。実際、コノ先送りは、［「老人」という「ことば」］について、更に深刻なモノとして表出するコトとなった。「議事録にみられる表現」から読み取れるコトは、ソノコトに真剣に取り組んでいる「姿」である。

　例えば、「私は、本法案で、次の用語の定義について、その解釈等を御説明願いたい、こう考えます。本法の中で、老人の定義、これについて規定がございませんので、まず、その老人に対しての定義についてどういうふうにお考えか、これを明確にお示し願いたい。」（［003/005］43– 参 – 社会労働委員会 -25 号昭和 38 年 06 月 20 日）（藤原道子氏発言）（国会会議録検索システム 2018 年 3 月 31 日アクセス）という発言に対して、「老人福祉法案の立案に際しまして、老人の定義を法案の中に入れるかどうかということにつきまして検討したのでございますが、一定の年令で区切りますことにつきましてはいろいろ問題があるのではなかろうか、かように考えまして、意識的に定義を避けまして、社会的通念から言って、老人と自他ともに考えられるような人のための福祉ということに考えたのでございます。」（同）（政府委員　大山正氏（当時）発言）（国会会議録検索システム 2018 年 3 月 31 日アクセス）という具合にである。

「分類・整序」を手掛かりにした
「社会保障法」へのアプローチ

──〈探究する私たちにとっての「分類・整序」(「ソモソモ」)〉と
〈「社会保障法」によってなされる [「社会保障法」の
「分類・整序」] (「深掘り」)〉──

「分類・整序」を手掛かりにした「社会保障法」へのアプローチ
──〈探究する私たちにとっての「分類・整序」(「ソモソモ」)〉と〈「社会保障法」によってなされる[「社会保障法」の「分類・整序」](「深掘り」)〉──

　第4部では、「分類・整序」を手掛かりにして「社会保障法」へのアプローチを試みるコトとなる。探査機5号"[「ソモソモ」と「深掘り」]"は、「対象」のワールド、「論理」のワールドをあとにして、次なる「分類・整序」のワールドを訪問するコトになる。ところで、なぜ、「分類・整序」を手掛かりにするのだろうか。ソレは、「分類・整序」を手掛かりにすると、法的独自性を有する「社会保障法」へのアプローチが、一歩進むと思われるからである。では、何故、一歩進むと思われるのであろうか。ソレは、「あるモノ」＝「社会保障法」＝がどのようなモノとしてあるかは、ソレが存在しているとりあえずの[「総体」との関係]としてあるからである。もちろん、ソノ「総体」は、「社会保障法」が有しているとされる法的独自性と関係している。すなわち、「総体」としての「法的」というコトとの関係において「独自性」というコトが表層化し、何らかの抽象化された「法」との関係で概念化された結果として表現されたモノが法的独自性とされたモノなのである。

　そうはいっても、厄介なコトがある。ソレは今まで見てきたコトにも共通して見られたコトである。もう少し具体的にいえば、「分類・整序」は、[探究する私たちによる「分類・整序」]としてあるだけではなく、同時に、[探究される（システムとしての）「社会保障法」自身が機能として有している[「社会保障法」の「分類・整序」]]としてあるからである。第3部までとは異なり、[探究する私たちによる「分類・整序」]と[探究される「社会保障法」によってなされる[「社会保障法」の「分類・整序」]]の両者は、相互に近い距離にあるモノのように思われる。ソノコトが、プラスに働く場合もあり、マイナスに働くコトもある。説

明したコトが通じやすいという意味ではプラスに働くが、しかし、両者が混同されやすいという意味ではマイナスに働く。

　まずは、「分類・整序」（というモノ）を「社会保障法」に当てはめて、いくつかの「問い」を提示するコトから始めてみる。そして、「社会保障法」へのアプローチを試みる私たちにとっての「分類・整序」（というモノ）が、どのようになっているのかについて考えてみる。その後、システムとしての「社会保障法」に内在するモノとしての［「社会保障法」の「分類・整序」］が、どのようになっているのかについて考えてみる。さらに、［探究する私たちにとっての「分類・整序」］と、「社会保障法」によってなされる［「社会保障法」の「分類・整序」］が、どのような関係としてあるのかについて考え、最終的には、「分類・整序」を手掛かりとして「社会保障法」を表現するコトを試みる。果たして、「分類・整序」を手掛かりにして、法的独自性を有する「社会保障法」へのアプローチがどの程度できるか。

第４部の具体的な構成

第１章　導入──「社会保障法」に当てはめる「問い」

第２章　探究する私たちにとっての「分類・整序」（というモノ）

第３章　「社会保障法」に内在する［「社会保障法」の「分類・整序」］

第４章　［探究する私たちにとっての「分類・整序」（というモノ）］と［「社会保障法」に内在する「社会保障法」の「分類・整序」］

第５章　「分類・整序」を手掛かりとして「社会保障法」を表現する

導入
——「社会保障法」に当てはめる「問い」——
（テーマの設定と扱う項目）

テーマの設定

　法的独自性を有するとされている抽象的な「社会保障法」であっても、ソレは「分類・整序」されるコトになっているはずだし、私たちの考察も、何らかの「分類・整序」を手掛かりになされているはずである。というコトで、「分類・整序」に気を配ってみようとなった私は、退職前の私の研究室の本棚の具合を思い出してみた。残っている空間は机の上のわずかなモノで、しかも、ソコにも資料の山が。私以外の方が見た場合、「分類・整序」といえそうなのは、雑誌、年鑑等が年代別に並んでいるコトぐらいだ。とはいっても、ソレは、私の為した「分類・整序」の結果としてあるモノである。「新規に購入した書籍」をどこかに置くとして、「ソレ」が「社会保障法」研究をしている私の「全体の中のどこか」に置かれたというコトの結果として、「そのような状態」になっているのである。「ソレ」を置く瞬間、私は、何らかの「理屈」をつけてソノ位置を決めている。

この章で扱う項目

Ⅰ　「分類・整序」を手掛かりに「社会保障法」にアプローチすると称して為されているコト

Ⅱ　[「抽象的」な「社会保障法」にみられる「分類・整序」] と [「具体的」な「社会保障関係法」にみられる「分類・整序」]

Ⅲ　「社会保障法」にアプローチするために必要になる「分類・整序」

Ⅳ　[システム化した「社会保障法」自体] が [「社会保障法」を「分類・整序」するコト] はないのか

Ⅴ　[アプローチされる「社会保障法」] を表現する「分類・整序」

「分類・整序」を手掛かりに「社会保障法」に アプローチすると称して為されているコト

　「社会保障法」にアプローチすると称して為されている作業の多く が、「分類・整序」を基盤としており、ソノコトは、①著書、②判例回 顧、③学会回顧、等などで、具体的なモノとして表出している。ソノ中 には、私の行った作業の一部も、もちろん含まれている。

　「判例回顧」として為されているモノを、具体的に採り上げてみよ う。為されているコトの多くは、独自の法としての「社会保障法」にア プローチすると称していながら、結果的には、「社会保険」、「公的扶 助」、「社会福祉」というような、制度分類を前提とした「判例回顧」と なっている。ひょっとしたら、[独自の法としての「社会保障法」にア プローチすると称してはいないという反論]があるかもしれない。しか し、明言しない場合であっても、①「社会保障法」研究の一部としてな している「判例回顧」、あるいは、②「社会保障法」の研究に役立てて ほしいとしてなしている「判例回顧」であるならば、ソレがいかなる形 であるかは別として、[独自の法としての「社会保障法」]を念頭に置か なければならないし、何らかの形で、ソレが結果に反映されなければな らない。採り上げた「例」は、[「社会保障法」について「考察するコ ト」]が、一体どのようなモノとしてあるのかというコトについて、「分 類・整序」を手掛かりにした場合に、まず指摘できるコトである。実際 になされているこのようなコトは、抽象的な[独自の法としての「社会 保障法」]とは無縁の、具体的な「制度」を踏まえた制度分類を前提と した「枠組み」を創出するコトであり、結果として、ソレを固定化する モノとして機能している。「分類・整序」の果たしているこのような現 実は、[独自の法としての「社会保障法」]の「姿」を見えなくするモノ ともいえよう。

［「抽象的」な「社会保障法」にみられる「分類・整序」］と［「具体的」な「社会保障関係法」にみられる「分類・整序」］

　先ほど述べたコトは、［「抽象的」な「社会保障法」にみられる「分類・整序」］と［「具体的」な「社会保障関係法」にみられる「分類・整序」］の関係についてのヒントとなっている。例えば、ソレにどのようなモノとしての位置を与えるかというコトとの関係で、具体的な「新規に購入した書籍」の置かれる場所が決められる、というコトにも似ている。「新規に購入した書籍」の実際の配架は、①「内容分類別」、②「著者名のアルファベット順」、③「タイトルのアルファベット順」等などによる「分類・整序」の結果である。②の「著者名のアルファベット順」というコトで配架されているのであれば、配架する側は、ソノ「新規に購入した書籍」について、「著者名のアルファベット順」という位置を与えたのである。そうすると、例えば、私の書いた『「ありよう」で捉える社会保障法』（成文堂2016年）は、どこに配架されるのであろうか。運よく、ソノ図書館に「社会保障法」というコーナーがあれば、ソノ場所はソコになるだろう。無い場合は「法」だろうか、あるいは「福祉」だろうか、というコトになる。『「ありよう」で捉える社会保障法』の隣に、例えば、『介護保険の……』という書籍があったりすると、私は「微妙な感じ」になる。独自の法としての「社会保障法」というモノが、例えば、「関係のありよう」だとか、「責任のありよう」という「枠組み」で表現できるとしたモノが『「ありよう」で捉える社会保障法』だと考えているから、「微妙な感じ」になるのである。『介護保険の……』という書籍が、独自の法としての「社会保障法」というモノについて、いくら頑張って意識している著作だとしても、ソレは、多分、「社会保険」のコーナーか「高齢者」のコーナーに配架される。

「社会保障法」にアプローチするために必要になる「分類・整序」

　「分類・整序」は、①ソレ自体として、ある時点での、[「ある事柄」についての「全体的表現」]としてあるコトになるし、②具体的な「ある一冊」が「全体」との関係でどこに置かれるのか＝「分類・整序」の具体化＝というような場面では、[「ソノ一冊」の位置]を介して、[「ある事柄」についての「全体的表現」]がどのようなモノなのかを表現しているモノでもある。すなわち、「分類・整序」は、ソレ自体としては独立した仕組として存在するモノとしてあるが、ソレを行っている主体の方法と深くかかわっているモノなのである。従って、[「社会保障法」にアプローチする]という場合、「分類・整序」は、アプローチを試みる側が[アプローチされる「社会保障法」]をどのようなモノとして見ているのか、というコトと深くかかわるコトになる。ソノ意味で、[アプローチされる「社会保障法」]について、①個別の具体的な法律に依拠した場合には、「分類・整序」は、例えば、「社会保険」、「公的扶助」、「社会福祉」というような形で為されるコトになるが、②独自の法としての「社会保障法」を手掛かりとしている場合には、「分類・整序」は、「近代市民法」との関係において、独自の法としての「社会保障法」を表現できるような、例えば、「関係のありよう」や「責任のありよう」等などを軸としたモノになる。スナワチ、何らかの「モノ・コト」にアプローチするという場合、その結果の「姿」は、アプローチされるソノ「モノ・コト」が「どのような存在として」捉えられているのかというコトに規定されるのである。コノ「どのような存在として」というコトが、「分類・整序」と深くかかわっている。「社会保障法」にアプローチするためには、「社会保障法」が「どのような存在として」あるのかを表現可能にする「分類・整序」が必要になるのである。

［システム化した「社会保障法」自体］が［「社会保障法」を「分類・整序」するコト］はないのか

　「社会保障法」（というモノ）の「分類・整序」は、具体的な制度分類を基盤としたモノが圧倒的に多くを占めている。従って、立法や裁判というような、具体的な法現象に関する表現をしているモノの多くは、「アプローチする側」が為す、個別の具体的な法律に依拠した「分類・整序」を基盤としている。では、「アプローチされる側」である［システム化した「社会保障法」自体が、「社会保障法」を「分類・整序」するコト］はないのか。コノ「問い」については、どのような「形」のモノとなるかは別として、「答え」は「ある」というコトになる。では、①アプローチする側がなす「社会保障法」（というモノ）の「分類・整序」と、②［システム化した「社会保障法」自体が為した「社会保障法」の「分類・整序」の結果］とでは、結果は異なるのであろうか。コレについては、「近代市民法」との関係で独自の法とされている、システムとしての「社会保障法」というコトに、もう一度立ち返らなければならない。すなわち、独自の法とされている、システムとしての「社会保障法」というコトと、「分類・整序」（というモノ）がどのように関わっているのか、というコトの検討がなされなければならないのである。「社会保障法」が有している法的な独自性は、「近代市民法」との関係で現象したモノであるが、ソレは恣意的なモノではない。歴史的経緯を見ればわかるように、ソレは、具体的な法現象との関係で、常に、自己規定的な変容を繰り返す、トータルなシステムとしてある。そのような自己規定的なモノとしての［システム化した「社会保障法」］であるコトから、「社会保障法」は、ソレ自体が［「社会保障法」を「分類・整序」するコト］は「ある」のである。

4
・
1
・
Ⅳ

［アプローチされる「社会保障法」］を表現する「分類・整序」

　実際になされているモノの多くは、「社会保険」、「公的扶助」、「社会福祉」というような、制度分類を前提とした「分類・整序」である。しかし、忘れてならないコトは、ココでの［アプローチされる「社会保障法」］とは、トータルなシステムとしてある、法的な独自性を有する、そのような［システム化した「社会保障法」］である、というコトである。では、ソレがどのようなモノであるかを表現するにあたって、「分類・整序」はどのような位置を占めているのであろうか。ココでも、やはり、「法的な独自性」を有するというところに注意しなければならない。「近代市民法」についての表現において「分類・整序」が占めている位置との関係で、「社会保障法」は、ソノ独自性を「分類・整序」という点でも表出させる。しかし、ソノ独自性は、たとえば、［「意思」に関する場面］に見るコトが出来るように、常に揺らいでいる。「近代市民法」についての表現においては、「本人が自由に表現できる環境下にあったかというコト」が、様々なコトを「分類・整序」するための一つの分水嶺をなしている。他方、「社会保障法」においては、「近代市民法」が期待しているコトが不可能であるコトを、一つの重要前提としており、ソノコトが、法的独自性として「分類・整序」について現れる。ただし、そのような「分類・整序」は、たとえば、「社会福祉」の基底に見るコトが出来るように、常に、「近代市民法」についての「分類・整序」との緊張関係にある。ソノ具体例は、成年後見などの点でみるコトができる。制度分類を前提とした「社会保険」、「公的扶助」、「社会福祉」というような「分類・整序」は、各種のテキストを見ればわかるように、「認知症……の権利」というようなありようで、「近代市民法」についての「分類・整序」の手法を基底的に有している。

探究する私たちにとっての「分類・整序」 (というモノ)——(テーマの設定と扱う項目)

テーマの設定

「社会保障法」がどのようなものかについて探究する私たちにとって、「分類・整序」(というモノ)は、どのようなモノとしてあるのであろうか。わざわざ言うコトではないだろうが、コノコトは、法的独自性を有する「社会保障法」が、どのような意味でソノ独自性を有しているのかというコトと相互依存的関係にある。「近代市民法」の有している法的性格との関係で、「社会保障法」の法的独自性というモノが認識、把握できるモノであるコトから、ソノ独自性は、「分類・整序」という場面においても見るコトが出来る。すなわち、法的独自性を有する「社会保障法」(というモノ)を表現する際には、「分類・整序」が有効性を発揮するコトとなるが、ソノ「分類・整序」によって、「社会保障法」は、どのようなモノとして、ソノ「姿」を現すのであろうか。

この章で扱う項目

I 「分類・整序」されていると感じられる状態

II 「社会保障法」(というモノ)を表現する際に必要となる「分類・整序」

III 「分類・整序」は「社会保障法」とは独立的なモノとして存在しないのか

IV [抽象的な「社会保障法」の「分類・整序」]と[具体的な「社会保障関係法」の「分類・整序」]

V 「社会保障法」(というモノ)を表現する「分類・整序」

4・2

「分類・整序」されていると感じられる状態

　「ソレ」が、一体、どのようなモノであるのかという「問い」に関して、「分類・整序」はどのような役割を果たすのであろうか。

　退職後の福岡県八女市の町家。暖簾もできた。町家を被写体にしたカレンダーの作成も進んでいる。そのような中で、蔵書や資料の「分類・整序」も、なんとなく出来た。ソノ「なんとなく出来た」という状態は、なぜ、「なんとなく」なのだろう。ソレに関係しているモノが、「ココにアレがあったらなあ」という気持ちである。たとえば、退職前の研究室での廃棄された書物は、「コレは使わないだろう」というような、当時の私の理屈で処分されたモノである。確かに、年代順に積まれた古い法令集や白書類は、その当時の私によって、「コレは使わないだろう」と位置づけされたモノである。しかし、昨日の八女市の町家。「思い出の一冊」が本箱に。ソレは、まさに「古い法令集」なのだ。そうした時、「コノ一冊」のそばに「廃棄したアレがあったらなあ」となってしまう。在職中のアノ時点での「分類・整序」、退職する際の研究室の掃除での「分類・整序」、退職後の八女市の町家での「分類・整序」。確かに、「分類・整序」なのだが、「分類・整序」される側の位置は、ソレゾレ異なっているように感じられる。「感じられる」と表現したのは、「分類・整序」という為されているコトでは同じコトだからである。私の研究との関係でいうなら、「具体的なソノ空間」で、確かに「分類・整序」されている、コトになっている。「具体的なソノ空間」といったのは、例えば、広狭というように「ソノ空間」を変化させるコトが、「具体的なソノ空間」の意味を顕在化させるコトになるからである。ただし、私自身でもこのようなコトになっているので、私以外の人が見たら、更に複雑なコトとなってしまうのであろう。

「社会保障法」（というモノ）を表現する際に 必要となる「分類・整序」

「分類・整序」は、「分類・整序」されるモノの本質を表現するコトを可能とする。ソノ意味で、「社会保障法」（というモノ）を表現する際には、「分類・整序」がソノ"力"を発揮する。

現実の「介護保険法」は「社会保険」なのか、それとも「社会福祉」なのか。「社会保険」に決まっているじゃないか、なんて言われそうである。では、なぜ、「社会保険」なのか。①名称に「保険」という単語が付いているから。②費用の大半が「保険料」であるから。③条文に、「被保険者」、「保険者」などの単語が並んでいるから、等などの「答え」が返ってきそうである。しかし、コレまでの経緯をみると、「社会保険なのか？」というようなコトも多く生じている。ココで重要なコトは、「社会保険なのか？」という気持ち（直感）がどこから出てきたモノなのか、というコトである。何らかのコトが生じているコトとの関係で、「社会保険なのか？」となったわけである。具体的な法律という所与の前提は、常に、このような危険にさらされている。想像通り、ココに出てくるモノが、抽象的な「社会保障法」（というモノ）というコトになる。抽象的な「社会保障法」（というモノ）は、諸々の具体的な法現象の経緯の中に、「近代市民法」の法原理とは相いれない法的独自性が存在しているとして、「ソノ独自性を普遍的なモノとして有している法」に命名した結果としてある。というコトから、日常的に生じている諸々の法現象に対しては、イチイチ、可視的な反応は示さないが、しかし、抽象的な「社会保障法」（というモノ）であっても、先ほど述べたような危険に、もちろん、常に、さらされている。ソノ意味で、「社会保障法」（というモノ）を表現する際には、「分類・整序」が力を発揮するコトになる。

「分類・整序」は「社会保障法」とは独立的なモノとして存在しないのか

　ダンボールから出された書籍を、たとえば、分野別に「分類・整序」したとして、次の段階で、それらは、年代順や大きさという基準で「分類・整序」されコトになる。「分類・整序」の方法は重層的で、自分勝手に配架するコトは困難である。だから、「分類・整序」は、私の意図とは独立した強固なモノとしてある、というように感じられる。まてよ。逆なのではないか。私でない人によって「ランダムに並べられたモノ」に関してでさえ、何らかの基準で「分類・整序」されているのではないかと探究したくなったりする。

　眼前に存在している具体的なモノであれ、空想している想像物であれ、ソレを捉えて、ソレについて考えるにあたっては、「ソレ」が、「ソレ以外のモノ」との関係で「ソレ」となっているコトを頭に描くコトとなる。ココでの、[「ソレ」と「それ以外のモノ」]との関係は、表現される「対象」をどのようなモノとして表現しようとしているのか、というコトによって規定されている。そうすると、「分類・整序」は、表現されるコトになる「社会保障法」とは独立的なモノとして存在していない、というコトになるのであろうか。否、そうではない。基準がどのようなモノであるかは別として、ソレ自体として見た場合には、「分類・整序」は独立的なモノとして存在している。コノ関係は、「論理」についての部分（第3部）において見たコトと同様である。スナワチ、表現しようとしている「対象＝社会保障法」が、「分類・整序」を手掛かりとするとされているコトとの関係で、ソコでは、「分類・整序」は「対象＝社会保障法」とは独立的なモノとはなっていないが、「分類・整序」ソレ自体として見た場合は、独立的なモノとして存在しているのである。

［抽象的な「社会保障法」の「分類・整序」］と ［具体的な「社会保障関係法」の「分類・整序」］

　第4部では、「分類・整序」を手掛かりとして「社会保障法」が表現されるコトになる、とされているコトとの関係で、ココでは、「分類・整序」は、「社会保障法」とは独立的なモノではない。独立的ではないというコトであれば、①［抽象的な「社会保障法」の「分類・整序」］と、②［具体的な「社会保障関係法」の「分類・整序」］は、どのような関係にあるのであろうか。「分類・整序」が、表現される「対象」とは独立的なモノではないというコトから、①と②は相互に規定的なモノではあるが、しかし、同じモノではないというコトになる。気が付いているコトと思うが、コノ関係は、「社会保障法」と「社会保障関係法」との関係に規定されたモノとしてある。すなわち、［抽象的な「社会保障法」］と［具体的な「社会保障関係法」］との関係に見られるモノと同じように、「分類・整序」は、［抽象的な「社会保障法」］については、法的独自性を有する［抽象的な「社会保障法」］を反映したモノとなっているだろうし、［具体的な「社会保障関係法」］については、ソレを反映したモノとなっているのであろう。では、具体的に見るコトが出来る「姿」として、①と②はどのようなモノとなるのであろうか。まず、②の例として、「医療保険の一部負担金」と「介護保険の一部負担金」を採り上げてみよう。原初的には、両者は、ソノように「分類・整序」されている。しかし、その後、「支出の増大」として、「一つのコト」と見做されるコトが、具体的な「医療保険」と「介護保険」とは切断されたモノとして生じるコトになる。コレが①の「分類・整序」の「姿」である。しかし、コレは、ソノ後、一瞬のうちに、現実の法改正となって可視化するコトになる。そのような意味で、①と②は、相互規定的関係にあるのである。

・**2**・**Ⅳ**

「社会保障法」（というモノ）を表現する「分類・整序」

　「分類・整序」が「社会保障法」（というモノ）を表現するコトになっているコトを見せてくれるモノの一つとして、［「出来事」の独立性と併合］がある。社会保険が創設された当初は、制度は限定された人々を対象としていた。ソノコトとの関係で、制度的対応がなされる「出来事＝保険事故」は、一つ一つが独立した出来事として「分類・整序」されていた。いわば、Ａ社、Ｂ社、Ｃ社の民間保険に加入したようなもので、出来事は独立性を有していた。社会連帯をベースとする社会保険とはいっても、社会全体に社会保険が拡大していなかった時代であるから、自己責任を部分的に変容させたような側面も有していた。リンゴ、ミカン、バナナを一つずつ食べた状態で、それらが果物を食べたという状態に読み替えられるのには、リンゴ、ミカン、バナナが、「質的に同じものであるという風に看做される」という具合に「分類・整序」しなければならない。「リンゴを食べたから、ミカン、バナナは不要である」という考え方である。制度的にいえば「甲という傷病」、「乙という傷病」、「丙という傷病」を、独立させたモノではなく「一つの出来事」と見做すというコトがコレにあたる。いくらなんでも「甲という傷病」、「乙という傷病」、「丙という傷病」を、ソノママの形で「一つの出来事」と見做すコトには困難が伴うので、「一つの出来事」とみなされるように「分類・整序」をしなればならない。たとえは、「甲という傷病」、「乙という傷病」、「丙という傷病」のそれぞれの「一部負担金」を合計すると高額になったというような「要保障事故」＝出来事＝が作り出されるコトになる。ココにあるのは、［「出来事」の独立性］という「分類・整序」と［「出来事」の併合］という「分類・整序」であるが、ソレは「社会保障法」を上手く表現できるモノとしてある。

「社会保障法」に内在する [「社会保障法」の 「分類・整序」]――（テーマの設定と扱う項目）

テーマの設定

　「分類・整序」を手掛かりにして「社会保障法」を表現する場合、①「観察する側」による「分類・整序」はどのように為されているのか、という具合に「テーマ」設定した場合は理解を得やすい。たとえ、ソレについての「答え」が不十分なモノとなりそうであっても、「テーマ」設定自体は理解されやすい。しかし、②〈システムとしての「社会保障法」に内在する [「社会保障法」の「分類・整序」]〉とした場合は、なんとなく分かったような気がするとしても、ソレについて、他者に説明するのには困難が伴う。たとえ、説明が上手くできたとしても、面倒なコトが残ってしまう。なぜなら、①と②の個々のコトを、頭の中で理解したとしても、個々のコトのように見える「それらのコト」についての表現が、ソレ自体としては具体的なコトからは独立している「分類・整序」という、「共通した一つのモノ」を手掛かりとしてなされているからである。

> #### この章で扱う項目
> I 「社会保障法」と「分類・整序」の関係
> II [「システム」としての「社会保障法」] に内包される「分類・整序」
> III 「分類・整序」を内包する [「システム」としての「社会保障法」] とは
> IV [独自の法としての「社会保障法」] と [「社会保障法」の「分類・整序」]
> V 「分類・整序」を手掛かりに「社会保障法」を表現する

4・3

「社会保障法」と「分類・整序」の関係

　［「社会保障法」と「分類・整序」の関係］は、まずは、①「社会保障法」を「観察する側」が、独自の法としての「社会保障法」というモノについて、「分類・整序」（というモノ）を使用してどのように表現しているのかという形で存在している。コノ場合、「表現される結論」は、「観察する側」が、独自の法としての「社会保障法」をどのようなモノとして捉えているのかに規定されるコトになる。「観察する側」の多くが、現実の「制度分類」を基盤としているというコトから、結果として、ソレを反映した「分類・整序」が大半を占めるコトとなる。そして、②「社会保障法」が「システム」として存在しているというコトから、そのような「社会保障法」には、「分類・整序」する機能が内包されているという形で「分類・整序」は存在している。前者①においては、「分類・整序」というモノの位置が「観察する側」の方法に強く影響されたモノとしてあるのに対して、後者②においては、そのような心配はあまりない。ただし、後者においては、［内包されている「分類・整序」する機能］というコトに関係する事柄に気をつけなければならない。［内包されている「分類・整序」する機能］というモノが、［「観察する側」の方法］からは独立したモノとして存在するコト自体は認めるとして、一体、どのようなモノとして「分類・整序」する機能が内包されているのか、というような場面で、ソレは顕在化するコトになる。ソノ意味では、後者においても、「表現される結論」の部分に差異が生じる可能性はある。コノ場合、もし、差異が生じる可能性を減じようとするならば、ソノコトは、法的独自性を有する「社会保障法」というモノを、まさに、そのようなモノとして描けるか、否か、にかかっている。

[「システム」としての「社会保障法」] に内包される「分類・整序」

　[[「システム」としての「社会保障法」] に内包される「分類・整序」する機能とはどのようなモノなのであろうか。歴史的に図式化するならば、①「近代市民法」には、たとえば「合意」を軸とした[自らを「分類・整序」する機能]が内包されており、②ソレから見た場合に、ソレとは相いれない（特殊な）「分類・整序」する機能によって支えられた具体的な法的現象が登場し、③ソコに見られる特殊性を共通したモノとして備えた個別のモノが歴史的に生成するという歴史的過程を経て、④それらの個々のモノに見られる（特殊な）「分類・整序」する機能に共通してみられるモノを、普遍的な「分類・整序」する機能として内包しているようなソレが、[[「システム」としての「社会保障法」] に内包される「分類・整序」する機能というコトになる。「近代市民法」は、契約の内容である一定の出来事が発生した場合に、契約によって定められた「人」が権利を有するというコトになるから、「意思」という点でみれば、例えば、[[「要所得の状態」という「出来事」] についての「分類・整序」は「合意の内容」を一つの基準としている。一方、「社会保障関係法」では、誰が被保険者となるのかだとか、どのような場合にどのような給付がなされるのか、等などのコトは、具体的な「社会保障関係法」で定められているが、日本では、中核をなしているモノは社会保険に関する諸々の法律である。ソノコトが[[「要所得の状態」という「出来事」] についての「分類・整序」を面倒なモノにしている。具体的にいうなら、受給権を有するのは「必要性がある人」なのか、あるいは「保険料を負担した人」なのかという形で顕在化するコトになる。このような錯綜状態は、[[「システム」としての「社会保障法」] に内包される「分類・整序」する機能が作用している具体例である。

「分類・整序」を内包する［「システム」としての「社会保障法」］とは

　（何らかの）「分類・整序」する機能を内包する［「システム」としての「社会保障法」］とは、どのようなモノとしてあるのであろうか。例えば、単なる事実としての［「貧困な人の傷病」という「出来事」］を採り上げてみよう。繰り返しになるが、大切なコトは、①「近代市民法」をソレとして維持させている［「近代市民法」に内包される「分類・整序」する機能］があり、②ソレから見た場合に、ソレとは相いれない（特殊な）「分類・整序」する機能によって支えられた具体的な法現象が登場し、③ソノ特殊性を共通したモノとして備えた個別のモノが歴史的に生成するという歴史的過程を経て、④それらの個々のモノに見られる（特殊な）「分類・整序」する機能に共通してみられるモノが、個別の法律を超えた普遍的な「分類・整序」する機能として位置付けされるコトになり、⑤ソレが、［「システム」としての「社会保障法」］に内包される「分類・整序」する機能としてある、というコトである。結果として、［「システム」としての「社会保障法」］は、［「貧困な人の傷病」という「出来事」］について、当事者を拘束するモノとしての［「自由」を基盤とした「自己決定」］にまつわる「分類・整序」する機能によってではなく、ソレとは相いれない、［「自由」を排除した「強制」］にまつわる「分類・整序」する機能を、普遍的なモノとして内包しているモノとして存在するコトになる。例えば、「出費を抑えたいので病院に行かない」というような、ソノ人の「自由意思」が介在する具体的な場面で、「一部負担金をどうするか」「職権保護はどうしようか」というようなコトを、個々の制度を超えて考えさせるように導く状態が生じるコトとなるが、ソレが［自らを「分類・整序」するモノとして維持する機能］の具体的な発現例というコトになる。

［独自の法としての「社会保障法」］と［「社会保障法」の「分類・整序」］

　ココで考えるコトは、［独自の法としての「社会保障法」］と［「社会保障法」の「分類・整序」］はどのような関係にあるのか、ということである。そして、コノ先には、［「システム」としての「社会保障法」］は、「分類・整序」する機能を、どのようなモノとして内包しているのであろうか、というような「問い」が待ち受けている。ココでの「社会保障法」とは、もちろん、［独自の法としての「社会保障法」］である。まとめてしまうと、一般的な意味での「分類・整序」というモノが、［独自の法としての「社会保障法」］に内包されており、ソノコトの結果としてあるモノが、［「社会保障法」の「分類・整序」］機能という「形」で現象しているモノなのである、というコトになる。現代においても、①社会保障に関する具体的な社会保障法的「法現象」は常に生起しており、②ソレとの関係で、［独自の法としての「社会保障法」］というモノも変容し、③ソノコトとの関係で、［「社会保障法」の「分類・整序」］機能も作動するコトとなるが、④ソノ［「社会保障法」の「分類・整序」］機能も、また、［独自の法としての「社会保障法」］に内包されるコトとなる。⑤従って、［独自の法としての「社会保障法」］と［「社会保障法」の「分類・整序」］との関係は、相互依存的関係、もしくは、相互規定的関係にある、というコトになる。このような関係を見るコトが出来る場面は、［独自の法としての「社会保障法」］を認識させる場面、例えば、「関係のありよう」というような場面や、「責任のありよう」というような場面である。では、［「システム」としての「社会保障法」］は、どのようなモノとして「分類・整序」する機能を内包しているのであろうか。

4
・
3
・
Ⅳ

「分類・整序」を手掛かりに「社会保障法」を表現する

　[独自の法としての「社会保障法」]を「分類・整序」を手掛かりに表現するコトが、ココでの為すべきことである。「社会保障法」が「法的独自性」を有しているモノであるとされているコトから、手掛かりとして使用される「分類・整序」が担う役割は、そのような「法的独自性」を反映させたモノとしての表現をするというコト、というコトになる。しかし、「分類・整序」にそのような役割を担わせたとしても、「分類・整序」ソレ自体は、まずは、諸事情からは独立したモノとしてある。順次進めてみよう。まず、「近代市民法」においては、「分類・整序」は、中心的な価値である所有権絶対と契約自由の原則を維持補強するような役割を担ってソノ役割を果たす。ソレとの対比で、「社会保障法」において「分類・整序」は、「関係のありよう」であるとか、「責任のありよう」というような「枠組み」を設定した場合に表層化する「法的独自性」を維持補強するような役割を担ってソノ役割を果たす。コノコトについて、[「貧困」という事実]を採り上げてみよう。コノ[「貧困」という事実]という具合に表現されたモノが、実は、既に、「社会保障法」化しているモノなのである。「近代市民法」においては、きわめて抽象度の高い「人」が、きわめて抽象度の高い「状態」として現れるコトになるので、既に「意味」が付着したモノとしての「貧困」という用語は表出しない。従って、きわめて抽象度の高い「状態」ではないように表出しているモノに着目するコトが重要である。きわめて抽象度の高い「状態」ではないように「分類・整序」されるソノ瞬間（＝「ことば」が生まれる瞬間）に、光をあて、ソレが維持補強されているコトを意識化すれば、「分類・整序」を手掛かりに、[独自の法としての「社会保障法」]を表現するコトが可能となる。

［探究する私たちにとっての「分類・整序」（という モノ）］と［「社会保障法」に内在する「社会保障法」 の「分類・整序」］──（テーマの設定と扱う項目）

テーマの設定

　ようやく、最後のコーナーに近づいてきた。①［探究する私たちに とっての「分類・整序」（というモノ）］、そして、②「社会保障法」に内 在する［「社会保障法」の「分類・整序」］について、個々的には理解で きたであろう。最終的には、①と②を包み込んだ、トータルな「一つの 塊」として捉えて再構成するというところにまで行かなければならない ので、まずは、①と②についての個々的な理解をさらに深めるコトが求 められる。その際、両者の関係を基盤としてソレゾレを理解するコトが 役に立つ。とはいっても、このようなコトを考えるコトにどのような意 味があるのか、というコト自体が、なかなか理解しづらい。

この章で扱う項目

Ⅰ　［探究する私たちにとっての「分類・整序」（というモノ）］と［「社 会保障法」に内在する「社会保障法」の「分類・整序」］の存在

Ⅱ　［探究する私たちにとっての「分類・整序」］（というモノ）と ［「社会保障法」に内在する「社会保障法」の「分類・整序」］の関係

Ⅲ　「分類・整序」についての「個々の承認というコト」と「観察者の 態度」

Ⅳ　「分類・整序」が［「統合された一つのモノ」としてあるコト］に ついての「観察者の態度」

Ⅴ　「分類・整序」が［「統合された一つのモノ」としてあるコト］に おいて、［探究する私たちの「位置」］はどのようなモノなのか

［探究する私たちにとっての「分類・整序」（というモノ）］と［「社会保障法」に内在する「社会保障法」の「分類・整序」］の存在

「分類・整序」というモノは、まずは、「社会保障法」を［探究する私たちにとっての「分類・整序」］というような「形」で存在する。と同時に、［「社会保障法」に内在する「社会保障法」の「分類・整序」］というような「形」でも存在している。為されている研究の多くは、前者のようなモノを基盤としている。後者のようなモノを基盤として為されているように見えるモノであっても、多くのモノは、［探究する私たちにとっての「分類・整序」］を介した「形」で表現してしまうというコトになってしまっている。ソノ結果、前者は、①探究する側が持っている「分類・整序」を使用して「社会保障法」を表現しようとするような「形」のモノと、②「社会保障法」の中にある「分類・整序」を、探究する側が探り当てるというような「形」のモノから構成されるコトになる。コノ②に該当するようなモノは、時として、［「社会保障法」に内在する「社会保障法」の「分類・整序」］と混同されるコトとなる。注意しなければならないコトは、［「社会保障法」に内在する「社会保障法」の「分類・整序」］というモノが、探究する側の思惑からは独立したシステムとして存在しているというコトについてである。すなわち、ココでいう［「社会保障法」に内在する「社会保障法」の「分類・整序」］とは、決して、固定的なモノではない。実際に生じているコトは、歴史的経緯の何らかの時点での「分類・整序」された結果としての「分類・整序」があるとして、ソレとの関係で、何らかの「分類・整序」機能が働くという、そのような連続的な機能を内包する［「システム」としての「社会保障法」］に内在する、［「社会保障法」の「分類・整序」］というコトである。

［探究する私たちにとっての「分類・整序」］（というモノ）］と［「社会保障法」に内在する「社会保障法」の「分類・整序」］の関係

　［探究する私たちにとっての「分類・整序」］と、［「社会保障法」に内在する「社会保障法」の「分類・整序」］とは、どのような関係にあるのであろうか。忘れてならない重要なコトは、①アプローチの「対象」となっている「社会保障法」が、ソモソモ、「分類・整序」機能内在的な［「システム」としての「社会保障法」］として存在しているというコトであり、②その場合の「システム」というモノは、ソレ自体が、［「分類・整序」機能内在的なモノ］としてある、というコトである。①と②との関係は、②が基盤として存在し、ソレの具体的な一つの「形」として①がある、というモノとして存在しているというコトである。一見したところ、探究する人たちに任されたように感じられる［探究する私たちにとっての「分類・整序」］ではあるが、①と②との関係がそのようなモノであるので、ソレ自体が、探究する対象としての「社会保障法」というモノに規定されたモノとしてある。［探究する私たちにとっての「分類・整序」］が、そのように、「社会保障法」に規定されたモノとしてあるコトは、［「分類・整序」を内包するモノ］としてある［「システム」としての「社会保障法」］というモノの「姿」の一つの部分というコトもできる。①と②は、相互に独立した互いに緊張関係にある存在のように見えるかもしれないが、実は、そうではなく、②が①を包み込むような関係にあるのである。間違っても、研究者の自由な方法に任されたようなモノとして［探究する私たちにとっての「分類・整序」］がある、と考えてはならない。一見したところ、自由な方法に任されたように感じられるモノであっても、ソレは、トータルな［「システム」としての「社会保障法」］というモノの「姿」の一つの部分なのである。

「分類・整序」についての「個々の承認というコト」と「観察者の態度」

　「社会保障法」を観察している研究者は、[探究する私たちにとっての「分類・整序」]については承認するものの、先程述べたような[[「社会保障法」に内在する「社会保障法」の「分類・整序」]については気に留めていない。そのようになってしまうのは、「分類・整序」というモノが、「対象」を観察している人々（研究者）に専有されたモノとしてあると考えているからである。

　為されるコトになる「分類・整序」は、「分類・整序」のなされる時点での「状態」に対してである。ソノ結果として「分類・整序」されたモノが「姿」を現すが、コレは固定化されるモノではない。結果として現れた「分類・整序」を固定的なモノだと考えてしまうと、ソレは、[探究する私たちにとっての「分類・整序」]のみの承認というコトになる。そうしてしまうと、為されているコトは、[[「対象」に内在している「分類・整序」]を手掛かりとした「社会保障法」へのアプローチではなく、「対象」についての[[「観察する私たちにとっての「分類・整序」]を手掛かりとしたアプローチというコトになる。このようなコトが生じるのは、「分類・整序」（というモノ）は、[観察される「対象」に内在するモノとしてあるモノ]ではなく、あくまで、「観察する主体」に依存した形で存在しているとする基本姿勢があるからである。従って、なされているコトは、[観察される「対象」に内在する諸事項]を、[[「観察者」の「分類・整序」]で捉える、というコトになる。「分類・整序」というコトに関して「観察者」が為さなければならないコトは、「観察者」としての自分が為している「観察」が、「対象」が有する[[「対象」に内在している「分類・整序」]との相互関係の一部としてある、というコトについての承認である。

「分類・整序」が［「統合された一つのモノ」としてあるコト］についての「観察者の態度」

　「社会保障法」を観察している研究者は、①［探究する私たちにとっての「分類・整序」］と、②［「社会保障法」に内在する「社会保障法」の「分類・整序」］が、一つの「トータルなシステム」としてあるコトについて気が付いていない。実際には、後に述べるように、探究している「私たち」も、もちろん、「描かれている鳥瞰図」の中に「位置」を有している。①と②について、大雑把に言うなら、①と②が、それぞれに相互規定し合ったモノとして、結果として、②のように表現できる状態になっているというコトであり、さらには、その②が、実際には、①をも包み込んだモノとしてあるのである。もう少しいえば、［探究する私たちにとっての「分類・整序」］が「対象」としているモノは、実は、②のように表現されているモノについての、ある時点での切り取られた部分なのである。ソレを、研究者は、①のようなモノとして静態的に表現しているのである。切り取ったソノ時点での「姿」は静態的に見えるが、常に生じている現実の「社会保障関係の諸々の法現象」との関係で、実際には、②も常に変容しているコトから、そのような動態を表現するために「トータルなシステム」という具合に、ココでは表現しているのである。相互に規定しあって変容しているモノについても、「トータルなシステム」としてこのようになっているという場合、「分類・整序」というモノ、ソレ自体は、①と②のように表現されたコトとは独立したモノとして存在しているコトには、もちろん、気をつけなければならない。そのような「動態」を「ことば」で表現しなければならないコトから、どうしても、①と②が固定された静態的なモノのように表現されてしまうコトになるコトにも気をつけなければならない。

「分類・整序」が［「統合された一つのモノ」としてあるコト］において、［探究する私たちの「位置」］はどのようなモノなのか

　［探究する私たちにとっての「分類・整序」］と［「社会保障法」に内在する「社会保障法」の「分類・整序」］は、先ほど述べたような意味で、「統合された一つのモノ」としてある。では、そのコトとの関係で、［探究する私たちにとっての「位置」］はどのようなモノなのなのであろうか。「トータルなシステム」が、ソノ構成物をも含めて相互に関係しているコトなので、一度に、それらのすべてを論じることはできない。順次説明するなら、まず、①［探究する私たちの「位置」］は、「分類・整序」に係る現実の「社会保障関係の諸々の法現象」を観察しているという意味では、現実の「社会保障関係の諸々の法現象」に対峙しているように描かれる。②ソノ結果として、抽象的な「社会保障法」における「分類・整序」を手に入れるコトになるが、コノ「社会保障法」が、実際には、常に生じている現実の「社会保障関係の諸々の法現象」を反映したモノとしてあるコトから、抽象化された「社会保障法」も常に変容している。③結果として、探究する私たち自体が、そのような常に変容している「対象」との関係の下で、観察や働きかけ等を実施しているが、ソレが、現実の「社会保障関係の諸々の法現象」に反映され、「観察対象」の変容に具現化し、さらには、抽象化された「社会保障法」にも反映されるコトになる。④生じているコレは、「順序」として、必ずしも、「探究する私たち」からスタートするモノではないコトから、現実の「社会保障関係の諸々の法現象」からスタートした説明も、もちろん可能である。⑤そのようなコトから、述べてきた全体的な関係を鳥瞰図的に描けば、「統合された一つのモノ」となるわけであるが、探究している「私たち」も、もちろん、「描かれている鳥瞰図」の中に「位置」を有している。

「分類・整序」を手掛かりとして「社会保障法」を表現する――（テーマの設定と扱う項目）

テーマの設定

独自の法としての「社会保障法」を表現するには、ソノ独自性が見え隠れする「際の部分」がヒントを与えてくれる。とはいっても、どこが「際の部分」なのかは明示的ではない。「分類・整序」は何らかの「基準」によって為されるが、ソノ「基準」は全体性との関係としてあり、固定的なモノではない。ソノ意味で、「何らかのコト」に運よく気が付けば、「分類・整序」は、「際の部分」を見せてくれるモノとして機能する。たとえば、①［「私的な出来事」と「社会的な出来事」を巡る「分類・整序」］や、②［「任意」と「強制」を巡る「分類・整序」］は、「近代市民法」との対比で独自性を有する「社会保障法」を表現するにあたって、格好の材料を与えてくれる。

> **この章で扱う項目**
> I ［「私的な出来事」と「社会的な出来事」を巡る「分類・整序」］を手掛かりにして「社会保障法」を表現する
> II ［「必要性が生じる単位」を巡る「分類・整序」］を手掛かりにして「社会保障法」を表現する
> III ［「年齢」を巡る「分類・整序」］を手掛かりにして「社会保障法」を表現する
> IV ［「任意」と「強制」を巡る「分類・整序」］を手掛かりにして「社会保障法」を表現する
> V ［「必要性の発生」を巡る「分類・整序」］を手掛かりにして「社会保障法」を表現する

4
・
5

[「私的な出来事」と「社会的な出来事」]を巡る「分類・整序」]を手掛かりにして「社会保障法」を表現する

　ケガをした人に全く落ち度がなく、自動車を運転していた人に100％の過失があった「出来事」を考えてみよう。コレについては皆さんの想像どおりである。実際の制度を見てみよう。健保法は「保険者は、給付事由が第三者の行為によって生じた場合において、保険給付を行ったときは、その給付の価額……の限度において、保険給付を受ける権利を有する者……が第三者に対して有する損害賠償の請求権を取得する。」（57条1項）としており、「前項の場合において、保険給付を受ける権利を有する者が第三者から同一の事由について損害賠償を受けたときは、保険者は、その価額の限度において、保険給付を行う責めを免れる」（同条2項）としている。また、国民年金法の各種の給付についての22条の規定も同様である。では、酔っ払ってけがをした場合はどうだろう。健保法はソノ117条で「被保険者が闘争、泥酔又は著しい不行跡によって給付事由を生じさせたときは、当該給付事由に係る保険給付は、その全部又は一部を行わないことができる」としている。自宅で怪我をしたといっても「わざと」というような場合は「被保険者又は被保険者であった者が、自己の故意の犯罪行為により、又は故意に給付事由を生じさせたときは、当該給付事由に係る保険給付は、行わない。」というコトになる（同116条）。ただし、どのような場合が「闘争、泥酔又は著しい不行跡」や「自己の故意の犯罪行為により、又は故意に給付事由を生じさせたとき」となるかは具体的な状況次第であるが、[「私的な出来事」と「社会的な出来事」の切り分けがなされているコトは知っておかなければならない。単なる事実でしかない「出来事」が、「社会的な出来事」と見做されるか否かによって、「分類・整序」されるコトになるのである。

［「必要性が生じる単位」を巡る「分類・整序」］を手掛かりにして「社会保障法」を表現する

　「必要性がある」というコトはどのような空間で生じるコトと考えられているのであろうか。もう少しいえば、「必要性がある」というコトの判断は、どのような空間を基盤としてなされているのであろうか。「実際に生活をしている単位（空間）」を基盤としてなされるモノもあるし、実際にどのような単位（空間）で生活をしているかではなく、「個人」というものを基盤としてなされるモノもある。これらは、［ぜったいに、こちらの考え方でなければダメ!!］というモノではなく、実際の制度をみるなら、どちらの考え方も内包している。例えば、生活保護の「世帯単位の原則」のように、「保護は、世帯を単位としてその要否及び程度を定めるものとする。但し、これによりがたいときは、個人を単位として定めることができる」（法10条）としているモノがソレである。このように、制度は「法的な明確性」を持たずに、アヤフヤなモノとして存在している。ソノ結果、制度が政治的な駆け引きとして使われ、裁判に訴えたとしても、「立法裁量」や「行政裁量」の範囲の問題として片づけられてしまうコトになる。少し以前の「子ども手当」をめぐる決着のつけ方は、まさに、このようなコトの典型例である。歴史的経緯を概略化すれば、①「特定化された一部の人の必要性」のみに光が当てられ、制度は創設された。ココで生じたコトは、「必要性の発生」についての「抽象性」（＝市民一般）から「具体性」｜（＝工場労働者等）というモノである。②その後長い時間をかけて、「国民皆保険体制」が達成され、「医療扶助」（＝生活保護の医療）も制度化された。ココで生じているコトは、一度具体化された「必要性が生じる単位」が、普遍化しながら「抽象性」を確保するという「分類・整序」のサイクルである。

［「年齢」を巡る「分類・整序」］を手掛かりにして 「社会保障法」を表現する

　近代市民社会においては、人は平等で抽象的な存在として位置付けられた。そのような価値体系の中では、個々人の年齢はさしたる意味を持たない。極端にいうなら、①家族内での扶養や、②当事者のAとBが、自由で平等な立場で、合意に達したコトが当事者を拘束する、というコトなどが基本となる体系である。そのような価値体系で見れば、10歳のヒトは、（アリエス風に言うなら）小さな大人というような存在であったともいえるし、80歳のヒトは、上手く働けないかもしれないが、経験を上手く生かすコトが出来る存在であった。ソノ後、「抽象的なヒト」のなかに、「子ども」と表現される人や、「高齢者」と表現される人が、社会によって発見されるに至る。戦後処理という側面もあったものの、日本で児童福祉法が制定されたのは戦後間もなくのコトであった。ソノ児童福祉法は、第4条で「この法律で、児童とは、満18歳に満たない者をいい、児童を左のように分ける」として、乳児を「満1歳に満たない者」、幼児を「満1歳から、小学校就学の始期に達するまでの者」、さらに、少年を「小学校就学の始期から、満18歳に達するまでの者」としている。「年齢」によるこのような類型化が存在しているコトは、「傷病」や「貧困」と同じように、「年齢」次第では、ソノ年齢にあるコト、ソレ自体によって、「社会によって関心が払われるべき人」であると、社会が位置づけているコトを意味している。例えば、所得保障の一部である遺族基礎年金は、遺族基礎年金を受けるコトができる子は「子については、18歳に達する日以後の最初の3月31日までの間にあるか又は20歳未満であって障害等級に該当する障害の状態にあり、かつ、現に婚姻をしていないこと」としている（国民年金法第37条の2）。

［「任意」と「強制」を巡る「分類・整序」］を 手掛かりにして「社会保障法」を表現する

　「近代市民法」との対比で法的独自性を有する「社会保障法」は、「意思」を巡ってもソノ独自性を発揮する。とはいっても、具体的な「社会保障関係法」は、ソノ点では曖昧である。例えば、「生活保護法」は第7条で「保護は、要保護者、その扶養義務者又はその他の同居の親族の申請に基いて開始するものとする。但し、要保護者が急迫した状況にあるときは、保護の申請がなくても、必要な保護を行うことができる」としている。コレは保護の原則の1つで「申請保護の原則」というモノである。面倒なのは、「但し」以下の文言が付着しているコトである。申請するか否かは「任意」に任せるとしつつも、「任意でないコトもありうる」という「分類・整序」が見えてくる。背景には、「給付」を受けるか否かを本人たちの「任意」に任せていては、本人たちのためにはならないという考え方がある。このような考え方は、健保法制定の際に典型的に見ることができる。「……是等ハ不斷カラ斯様ナ場合ニ備ヘル爲ニ、他日ノ計ヲ考慮セシメテ置ケバ宜シイト云ヤウナ譯デアリマスケレドモ、彼等ノ知識道徳ノ程度ガ低イ事デゴザイマスシ、爲ニ遠キヲ慮ッテ将来ノ計ヲ爲スト云フ念慮ニ乏シイノデゴザイマス……（中略）サレバ強制ノ手段ニ依ッテ彼等ガ平素取得イタシマス所ノ収入ノ一部分ヲ割イテ、之ヲ貯蓄シ以テ將來生計ノ基礎ヲ鞏固ニセシムルト云フコトハ、人道上カラ申シマシテモ亦經濟上カラ申シマシテモ、共ニ必要缺クベカラサル事デアラウト思フノデアリマス……」（第45回帝国議会貴族院『健康保険法案特別委員会議事速記録』第1号・大正11年3月20日・1ページ）という具合にである。ココに見られるモノは、「任意」と「強制」を巡る「分類・整序」の、原初的形態である。

4
・
5
・
Ⅳ

[「必要性の発生」を巡る「分類・整序」] を 手掛かりにして「社会保障法」を表現する

　「社会保障法」において、[「所得の保障」の「必要性の発生」という 出来事]は、「分類・整序」というコトでいうと、どのような現れ方を するのであろうか。単なる事実としての「所得の保障という必要性の発 生」＝「所得の途絶」や「貧困という状態」＝についての位置付けは、 歴史的に見れば、「(抽象的に保障されている)チャンスを生かせなかった 個々人の問題」という「分類・整序」のされかたから、「社会の構造と の関係で様々なありようで生じる問題」という「分類・整序」のされか たへと移行している。そうはいっても、そのような「分類・整序」のさ れかたは固定的なモノではなく、常に、逆の方向を指向して揺らいでい る。例えば、アル時点で、「貧困という状態」について、「抽象化された 個々人」に生じるコトとして位置づけするようになったとすると、「貧 困という状態」は、(抽象的な)チャンスを生かせなかった人の状態とい う具合に「分類・整序」されるコトになり、ソレまでとは逆の方向を指 向するコトになる。そのような方向を指向すると、ソノ時点で、「(たま たま)貧困という状態でない人々」は、「(抽象的に保障されている)チャ ンスを生かせた人々」という具合に「分類・整序」されるコトになり、 結果として、「貧困という状態」は、「その商品を売買するかしないかは ソノ人の選択の問題」と同じであるという具合に、「抽象化された個の 問題」とされてしまうコトになる。社会保障としてなされている「所得 の保障」は、おもに社会保険によってなされている。その社会保険にお いて、「貧困という状態」の発生は、「要所得の状態」として、例えば、 「失業」や「高齢」というような表現で制度的に類型化され具体化して いる。

「分類・整序」を手掛かりにした「社会保障法」へのアプローチのための補足テーマ

「社会的な出来事」を軸とした「分類・整序」

「単なる事実としての出来事」が、誰によって対応される出来事とされるのかというコトは、当初から決まっているコトではない。何らかの拍子に、「アル出来事」が「社会的に対応される事柄」となる。例えば、「けが」を採り上げてみよう。そうすると、私的に対応されていた「けが」というモノが、どのようにして「社会的な出来事」となっていったのであろうか？というコトに接近しなければならなくなってくる。コノ場合、社会保障の制度が存在していない時代から社会保障の制度ができてくる過程がヒントを与えてくれる。

背景にあった幾つかの要因は以下のようなモノであった。代表的なモノは、①ギルドや共済組合などの「お互いに助け合う」制度が存在した、②「労働力確保・保全」というような社会政策的な意味での要請があった、③ストライキなど労働者たちの社会運動があった、等などというコトになる。もちろん、国や地域や時代によって、これらのそれぞれが幾つかの組み合わせとなって、具体的な結果を招来したといえよう。いずれにしても、ソコで形成されていったモノは、「アル出来事」に対しての「個人的責任」という考え方を転換させて、「社会的責任」というように再構成する考え方であった。「傷病」を例に取り上げてまとめて言うなら、「単なる事実にすぎない病気やけが」が、流行病などを契機として「私的な対応では済まされない事柄」に変容し、「社会的な関心事」となったというコトである。現代では「人の健康」という言葉で語られるコトではあっても、歴史的に見るなら、「病気やけがが持っている意味」（＝流行病の蔓延をどうするか）、「病気やけがをした人々の社会的な意味」（＝重要な基幹産業に従事する労働者をどうするか）、「病気やけが

をした部位の意味」（＝軍人の目、軍人の指の傷病をどうするか）などの位相で、「私的な出来事」と「社会的な出来事」に「分類・整序」されるというコトが生じたのである。

議事録から見る［「私的なコト」と「社会的なコト」］の「分類・整序」（その①）──「精神病者監護法（明治33年・法律38號）」についての「費用」を巡る議論

「此病人ハ申マデモナイ第一當人自ラ其身ヲ害スルノト、他人ヲ害スルノト二ツノ危險ガアル、其危險ヲ防グ爲ニ斯ウ云フ出來タノデ、ソコデコンナ病人ト云フモノハ流行病ト違フテ至ッテ少イモノデアル、澤山氣違ヒガアル譯デハナイ、ケレドモ危險ガアルト云フ場合ニ至ッテハ他ノ流行病ナドハ同ジコトデ、他人ニウツレバ他人ハ怖イ、當人ハ申スニ及バズ、其方デハ政府ノ費用デ出來テ居ルノニ、此方デハ扶養義務者ト云フ方ニ附ケラレテアルノハドウ云フ譯ト云フコトヲ御尋シタ」（兒玉淳一郎氏發言）（『第十四回帝國議會　貴族院精神病者監護法案特別委員會議事速記録第一號』　明治33年1月31日　3ページ）。

「扶養義務者ノ負擔ト云フコトハ、一體ニ本人ノ負擔ト申シマスノハ申スマデモアリマセヌ、當然ノコトデアリマス、若シ本人ガ負擔ノ出來ナカッタ場合ニハ其費用ト云フモノハ詰リ本人ノ利益ニナリマス費用デアリマスノデ、氣違ヒヲ監護スルノハ即チ氣違ヒヲ扶養シテ行ク所以デアラウト考ヘマスカラ、サウスレバ其費用ヲ扶養義務者ガ負擔スルト云フコトハ當然ノ筋デアラウト云フ考カラ斯様ニ規定イタシマシタノデ、ソレデ傳染病豫防法ト申シマスルモノト、成ルホド同ジヤウナモノデハゴザイマスガ、此精神病者ノ方ハ實ニ長キニ亘ルモノデゴザイマシテ、傳染病ノ方ハ極ク急ヲ要スルモノデアリマス……（中略）……傳染病ノ方デゴザイマスルト……（中略）……這入ッテ戴キタイト云フ意味ガアル仕事デアリマス」（説明員　窪田靜太郎氏（當時）發言）（同前4ページ）。

議事録から見る［「私的なコト」と「社会的なコト」］の「分類・整序」（その②）――「花柳病豫防法」（昭和 2 年・法律 48 号）についての「公娼」と「私娼」を巡る議論

「先ヅ第一ニ私ハ我國ノ賣淫制度ノ根本ニ對シ政府ハドウ云フ御考ヲ持ッテ居ラレルカ、其第一トシテ公娼以外ノ所謂私娼ニ對シテ、政府ハ之ヲ放任シテ置ク積リデアルカ、又ハサウ云フ者ヲ成ベク少クスルト云フ考ヲ持ッテ居ラレルカ……（中略）……我國ノ現制度ニ於テ業態上花柳病傳播ノ虞アル者ト云フノハ公娼以外ニナイ規則ナノデアリマスガ、本會議デハ大體私娼ノ爲ト云フ政府ノ御答辨デアリマシタ、斯様ニ政府ガ事實上私娼ノ存在ヲ認メテ居ル以上ハ、寧ロ是ハ豫防ノ目的ヲ達シヤウトスルナラバ、私娼ヲ公認シテ登録デモスルヤウナ方針ヲ執ル方ガ宜クナイカ、公娼デアルナラバ相當ノ取締ノ規則ニ依テ、豫防ノ目的モ或程度マデハ達シ得ラレルヤウニ思フ、政府ハ此私娼ナル者ヲ事實ニ於テ認メテ居ル以上ハ、之ヲ此儘ニシテ將來モ放任シテ置ク積リデアルカ」（加藤委員（当時）発言）（『第五十二回帝國議會　衆議院未成年者飲酒禁止法中會セテ法律案委員會議錄（速記）第七號』　付託議案　花柳病豫防法案（政府提出）　昭和 2 年 3 月 8 日　4 ページ）。

「此點ニ付キマシテハ先程モ申上ゲマシタガ、此法律ハ公娼私娼ノ問題ニハ直接觸レテ居ラヌ積リデアリマス、公娼ニセヨ私娼ニセヨ、兎ニ角業態上傳播ノ虞ノアル花柳病ニ罹レルコトヲ知ッテ賣淫スルコトヲ罷メサセタイト云フノノ趣旨デアリマス、随テ公娼ニモ第五條ノ條文ハ適用ガアル積リデアリマス、唯正規ノ檢診ヲ受ケテ醫者ガ病氣ガ無イト云フコトデアレバ、稼業ニ従事シテモ、是ハ傳染ノ虞アル花柳病ニ罹レルコトヲ知ッテ賣淫シタト云フコトニハナラナイノデアリマスカラ此條文ニ掛ルコトハアリマセヌ」（山田内務省衛生局長（当時）発言）（同前）。

「解釈・理解・価値評価」を
手掛かりにした「社会保障法」
へのアプローチ

──〈探究する私たちにとっての「解釈・理解・価値評価」(「ソモ
ソモ」)〉と〈社会保障法〉によってなされる [「社会保障法」の
「解釈・理解・価値評価」](「深掘り」)〉──

「解釈・理解・価値評価」を手掛かりにした「社会保障法」へのアプローチ——〈探究する私たちにとっての「解釈・理解・価値評価」(「ソモソモ」)と〈「社会保障法」によってなされる[「社会保障法」の「解釈・理解・価値評価」](「深掘り」)〉——

　自分の外側にある「対象」について、「一体、どういうコトなのだろう」という具合に解釈するなどして、理解し、ソレについての価値評価をする。だからといって、第5部でなされるコトは、例えば、「ある法律の〇〇〇条」を「解釈」したり、「理解」したりした結果として、法的独自性を有する「社会保障法」というモノの「姿」を手に入れるというような、そのようなコトではない。ココで為されるコトは、様々な場面で為されている営為としての「解釈・理解・価値評価」というモノを手掛かりにして「社会保障法」にアプローチするというコトであって、何らかの具体的なモノについての「解釈・理解・価値評価」の実践作業を介して「社会保障法」がどのようなモノであるのか、というコトにアプローチするというモノではない。そのようなコトを考えるにあたって、第4部までとは、少しだけ構成を変化させている。第5部では、まずは、[[「アプローチされる社会保障法」と「解釈・理解・価値評価」する「探究者」]]の位置関係について考えてみる。ただし、コレについては、「ことば」を介しての考察と表現が、どうしても「静態的」なモノになってしまうので、「動態的」なモノとして考察し表現するというコトを意図して、変容している「社会保障法」と、ソレを「解釈・理解・価値評価」している探究者、というコトについて意識的に扱うコトとした。

　印刷された文字で「健康保険法」という具体的な法律の具体的な条文を見ているとしよう。あなたは、第3条の〈この法律において「被保険者」とは、適用事業所に使用される者及び任意継続被保険者をいう。〉という条文を見ている。ソノあなたは、実は、制定当初の「健康保険

法」の条文をリアルに覚えている高齢者だった。というコトは、あなたは、①制定当初の「健康保険法」の条文、②2019年時点での「健康保険法」の条文、そして、③それぞれの時点における制度的全体構造について、「解釈・理解・価値評価」が可能な人なのだ。ソノあなたが、①、②、③を、一つ一つの個別の静態的なコトとしてではなく、連続的に変容しているコトをも含めて、鳥瞰図として描いたのだ。力作として出来あがったモノは、一つ一つの個別のコトの寄せ集めではなく、「システムとして統合された一つのモノ」を描いたコトになっているのだ。ソノ鳥瞰図は、歴史的に生成している諸々の法現象を観察しているあなたによって描かれたわけであるが、ソレを描いたあなたは、もちろん、描かれたソノ鳥瞰図の中に「位置」を有しているのである。

第5部の具体的な構成

第1章　導入——「社会保障法」に当てはめる「問い」

第2章　アプローチされる「社会保障法」と「解釈・理解・価値評価」する探究者——静態的位置関係から相互規定的動態的関係へ

第3章　変容する「社会保障法」と「解釈・理解・価値評価」する探究者——相互規定的動態的関係

第4章　[探究する私たちにとっての「解釈・理解・価値評価」（というモノ）]と「社会保障法」に内在する[「社会保障法」の「解釈・理解・価値評価」]

第5章　「解釈・理解・価値評価」を手掛かりにして「社会保障法」を表現する

導入
——「社会保障法」に当てはめる「問い」——
（テーマの設定と扱う項目）

テーマの設定

　健保法は「この法律は、労働者又はその被扶養種の業務災害……以外の疾病、負傷若しくは死亡又は出産及びその被扶養者の疾病、負傷、死亡又は出産に関して保険給付を行い、もって国民の生活の安定と福祉の向上に寄与するコトを目的とする。」（第1条）としている。コノ条文について、何らかの「解釈・理解・価値評価」をしようとした場合、そのようなあなたは、「何」を基点としてソレを為すのであろうか。とりあえずの可能性は、①健保法の第1条の文面から、②健保法全体から、③現実の医療保険制度から、④現実の社会保障関係法から、⑤歴史的経緯を踏まえた社会保障法という立場から、⑥「こうあってほしい」という自分の気持ちから、等などである。

この章で扱う項目

Ⅰ　「解釈・理解・価値評価」を手掛かりに「社会保障法」にアプローチすると称して為されているコト

Ⅱ　[「抽象的」な「社会保障法」にみられる「解釈・理解・価値評価」]と[「具体的」な「社会保障関係法」にみられる「解釈・理解・価値評価」]

Ⅲ　「社会保障法」にアプローチするために必要になる「解釈・理解・価値評価」

Ⅳ　[システム化した「社会保障法」自体] が [「社会保障法」を「解釈・理解・価値評価」するコト] はないのか

Ⅴ　アプローチされる「社会保障法」を表現する「解釈・理解・価値評価」

「解釈・理解・価値評価」を手掛かりに「社会保障法」にアプローチすると称して為されているコト

　実際に為されているコトが社会保障に関する具体的な「法的諸現象」の「解釈・理解・価値評価」であるにもかかわらず、ソノ結果を反映したモノとして、「社会保障法」とはこのようなモノであると表現しているモノが多く見られる。「「社会保障法」とはどのようなモノなのか」にチャレンジしている体系書であっても、具体的な「法的諸現象」の「解釈・理解・価値評価」によって、ソノ結果を「社会保障法」として表現している。このように言うと、「抽象的」な「社会保障法」について、どのように「解釈・理解・価値評価」出来るのか、というコトを指摘されそうである。マサニそのような意味で、「解釈・理解・価値評価」とは、「社会保障法」にアプローチする際には、興味深い素材を提供してくれるモノなのである。

　先ほど述べたように、実際になされている研究の多くは、社会保障に関する具体的な「法的諸現象」を「解釈・理解・価値評価」するモノである。では、ソコでなされている「解釈・理解・価値評価」というモノが、どのような意味において、法的独自性を有するモノとしての「社会保障法」を表現できるモノとなっているのであろうか。多くの研究者によってなされている「解釈・理解・価値評価」は、下手をすれば、条文をどう読むか、経緯をどう捉えるか、判決をどう読むかというような、何らかの手順に従った一定の手続の実践としてあり、まるで、面倒な計算問題のようなモノである。そうなるコトがないように、まずは、法的独自性を有するモノとしての「社会保障法」にアプローチするに際して、ソモソモ、「解釈・理解・価値評価」というモノが、どのような位置を占めているのかについての探究からなされなければならない。

5
・
1
・
I

［「抽象的」な「社会保障法」にみられる「解釈・理解・価値評価」］と［「具体的」な「社会保障関係法」にみられる「解釈・理解・価値評価」］

　そうすると、次には、①［「抽象的」な「社会保障法」にみられる「解釈・理解・価値評価」］と、②［「具体的」な「社会保障関係法」にみられる「解釈・理解・価値評価」］が、どのような関係にあるのかを考えなければならない。コノ場合、前提的なコトとして、注意しておかなければならないコトがいくつかある。まずは、①と②を同一視せず、ソレゾレを別個のモノとして理解しておくコトである。ただし、これらが、実際には、一つの「トータルなモノ」としてあるコトには注意しておかなければならない。コノコトについて理解するためには、繰り返し述べているように、［「抽象的」な「社会保障法」］と［「具体的」な「社会保障関係法」］との関係についての理解が前提となる。「具体的」な「社会保障関係法」にみられる「解釈・理解・価値評価」は、固定的なモノではなく、ソレは、変容し続けている「具体的」な「社会保障関係の諸々の法現象」を反映したモノとしてある。ソノ場合の「解釈・理解・価値評価」される「具体的」な「社会保障関係法」は、歴史的経緯の過程で、ソコに留まらずに、私たちに「抽象的」な「社会保障法」を認識させるモノとして現れるコトになる。従って、切り取られたアル時点での「具体的」な「社会保障関係法」にみられる「解釈・理解・価値評価」は、ソノ時点での「姿」として描かれてはいるが、当然、変容し続けるコトを内に含んだモノとしてある。というコトから、［「抽象的」な「社会保障法」にみられる「解釈・理解・価値評価」］と［「具体的」な「社会保障関係法」にみられる「解釈・理解・価値評価」］とは、変容し続けている相互に規定的な関係にあるモノである、というコトになる。

「社会保障法」にアプローチするために必要になる「解釈・理解・価値評価」

　自分の外側にある何らかの「対象」について、「ソレ」が、一体、どのようなモノであるか、という「問い」を解決しようとして、私たちは、ソノ「対象」についての「解釈・理解・価値評価」を実行している。というコトから、「解釈・理解・価値評価」を手掛かりにすると、「社会保障法」へのアプローチは有効性を発揮する。ココでなされるコトは、アプローチされるコトになる法的独自性を備えた「社会保障法」というコトを踏まえて、様々なコトに関してなされている「解釈・理解・価値評価」というモノが、どのような位置にあるコトになるのか、というコトについての理解というコトになる。歴史的に見れば、まずは、①「近代市民法」に関しての「解釈・理解・価値評価」というモノが存在する。②ソノ後、ソレから見た場合に、ソレとは相いれない（特殊な）「解釈・理解・価値評価」が必要とされるような具体的な法現象が生じ、③ソノ特殊性を共通したモノとして備えた個別のモノが歴史的に生成するという歴史的過程を経て、④それらの個々のモノに見られる（特殊な）「解釈・理解・価値評価」に共通してみられるモノが、個別の法律を超えた普遍的な「解釈・理解・価値評価」として位置付けされるコトになり、⑤ソレが、アプローチされる「社会保障法」についての「解釈・理解・価値評価」としてある、というコトである。ところが、実際に為されている「解釈・理解・価値評価」は、「個別の具体的な法現象」をソノママ「対象」として為されている。「社会保障法」にアプローチする場合、「解釈・理解・価値評価」は、「近代市民法」との関係において、独自の法としての「社会保障法」を表現できるような、例えば、「関係のありよう」や「責任のありよう」等などを軸としたモノになる。

［システム化した「社会保障法」自体］が［「社会保障法」を「解釈・理解・価値評価」するコト］はないのか

　「社会保障法」についての「解釈・理解・価値評価」は、実際には、具体的な「社会保障関係法」についてのモノがほとんどを占めている。ソノコトとの関係で出てくるのが、［システム化した「社会保障法」自体］が［「社会保障法」を「解釈・理解・価値評価」するコト］はないのか、という「問い」である。コノ妙な「問い」に対しての「答え」は、「ある」である。順次説明してみよう。

　確認的に思い出していただきたいコトは、［「抽象的」な「社会保障法」にみられる「解釈・理解・価値評価」］と［「具体的」な「社会保障関係法」にみられる「解釈・理解・価値評価」］との関係である。両者の関係は、先ほど述べたように、相互規定的なモノであり、常に変容している。もう少し具体的に言うなら、具体的な「社会保障関係法」の変容との関係で「抽象化」されたモノが現象するコトになるが、ソレが、さらに、具体的な「社会保障関係法」の変容を生じさせるコトとなるのである。このようなコトは日常的に生じている。「ソコで生じているコト」についてのある時点での断片的状態を「点」的に取り出して、それらを並べて、いわゆる「歴史的経緯」として表現しているのである。先ほど概略的に述べた継続的なサイクルの状態は、私たちがソレを外側から観測しているような「形」として表現したわけであるが、実際には、私たち自身もそのサイクル化した状態の中に存在している。コノコトについて、角度を変えて、「社会保障法」という観点から表現するなら、［システム化した「社会保障法」］というコトになる。以上のコトを総合すると、［システム化した「社会保障法」自体］が［「社会保障法」を「解釈・理解・価値評価」するコト］は「ある」というコトになる。

アプローチされる「社会保障法」を表現する「解釈・理解・価値評価」

　「解釈・理解・価値評価」は、アプローチの「対象」となっている「社会保障法」をどのような手法で表現するのであろうか。そして、ソノ結果、「社会保障法」はどのようなモノとして表現されるのであろうか。前提となるのは、「近代市民法」との関係で法的独自性を有するモノが「社会保障法」であるというコトである。①「近代市民法」についての表現の場合に「解釈・理解・価値評価」が占めている位置との関係で、「社会保障法」は、ソノ独自性を「解釈・理解・価値評価」という点でも表出させるコトになる。しかし、ソノ独自性は、たとえば、[「意思」に関する場面] に見るコトが出来るように、実際の場面では常に揺らいでいる。「近代市民法」についての表現の場合には、「本人が自由に表現できる環境下にあったかというコト」が、様々なコトを「解釈・理解・価値評価」するための一つの分水嶺となっている。他方、「社会保障法」においては、「意思」を巡って「近代市民法」が期待しているコトが不可能であるコトを、一つの重要前提としており、ソノコトが、法的独自性として「解釈・理解・価値評価」について現れる。ただし、コノ「解釈・理解・価値評価」は、たとえば、「社会福祉」の基底に見るコトが出来るように、常に、「近代市民法」についての「解釈・理解・価値評価」との緊張関係にある。例えば、「社会福祉」関係のテキストに見られる「認知症……の権利」というような項目は、「近代市民法」的な「自由」や「合意」をベースにしたモノとしてあり、「近代市民法」についての「解釈・理解・価値評価」が基底的に存在しているコトを示している。このような揺らいでいる「姿」は、各種の裁判例に見られる双方の当事者の主張に見るコトが出来る。

5・1・V

アプローチされる「社会保障法」と 「解釈・理解・価値評価」する探究者
——静態的位置関係から相互規定的動態的関係へ——
（テーマの設定と扱う項目）

テーマの設定

　「解釈・理解・価値評価」を手掛かりとして、何らかの「対象」への
アプローチが試みられる場合、ソノ「対象」と「解釈・理解・価値評
価」する側とはどのような位置関係にあるのであろうか。コノコトにつ
いて、まずは、静態的位置関係からスタートしてみよう。

　というコトで、ココでは、いきなり中に入らずに、①ソモソモ、「解
釈・理解・価値評価」とは、私たちにとって、一体、どのようなモノと
してあるのだろうか、というようなところからはじめて、②何らかの
「対象」にアプローチする場合、アプローチする側にとっての「解釈・
理解・価値評価」とは、どのようなモノなのか、というところに進ん
で、③最終的には、アプローチされる「社会保障法」が変容するコトを
踏まえ、ソノ場合の、「社会保障法」と「解釈・理解・価値評価」する
側との位置関係をみるコトにする。

この章で扱う項目

Ⅰ　「解釈・理解・価値評価」されていると感じられる状態とは
Ⅱ　アプローチする側にとっての「解釈・理解・価値評価」
Ⅲ　「解釈・理解・価値評価」は「社会保障法」とは独立的なモノとし
　　て存在しないのか
Ⅳ　アプローチされる「社会保障法」と「解釈・理解・価値評価」す
　　る探究者
Ⅴ　アプローチされる「社会保障法」の変容と「解釈・理解・価値評
　　価」する探究者——静態的位置関係から相互規定的動態的関係へ

「解釈・理解・価値評価」されていると感じられる状態とは

「解釈・理解・価値評価」されていると感じられる状態とは、一体、どのような状態のコトなのであろうか。コノコトに係る構成要素は、①「解釈・理解・価値評価」する「主体」、②「解釈・理解・価値評価」される「対象」、③為されるコトとしての「解釈・理解・価値評価」である。ココで、[「解釈・理解・価値評価」されていると感じられる状態]という表現を使用したのは、例えば、「私が○○○されていると感じられる」というような、受身形によって表現される状態を意味しているモノではない。ココで表現したかったコトは、①、②、③によって構成され、為されるコトを、外側から、位置の関係として見ているというコトである。このように表現されるコトは、A．観察する側にとって理解しづらいにも関わらず、B．事実としての「ソレ」が存在している場合に、C．観察される「対象としてのソレ」の外側から、観察する側によって「ソレを対象として」為されているのである。ココでの「問い」は、[「解釈・理解・価値評価」されている]ではないし、[「解釈・理解・価値評価」されていると感じられる]でもない。[「解釈・理解・価値評価」されていると感じられる状態とは]なのである。従って、求められているコトは、「そのような状態」であると結論づけるコトが、どのようなコトを満たすコトによって確保できるのか、というコトである。概括的に述べれば、①「対象」が「対象」としてソノママ受け入れられているという状態ではないときに、②「対象」がどのようなモノ（コト）としてあるのかというコトについて、③何らかの関係で「対象」を規定していると考えられるモノ（コト）を介した何らかの手続きによって、④「対象」を領域内に持ち込むコトを目的として、⑤観察する側によって為されるコト、等の事柄が充足されるコトが目安となるであろう。

アプローチする側にとっての「解釈・理解・価値評価」

　「アプローチする側にとっての」という明示的な「位置」が付着した結果として、先ほど述べたような一般的な意味での「解釈・理解・価値評価」が、ソノ有する「可能性」の一部を表出させるコトになる。ココにおいて「解釈・理解・価値評価」は、アプローチする側がアプローチされる「対象」の外側にあり、アプローチする側が、未だ、「対象」を内側に取り込んでいない場合に、内側に取り込むコトを意図してなされる手続きの一つとして存在する。「アプローチする側にとっての」というコトを手掛かりに、もう少し奥に入ると、まずは、①アプローチする側にとって、「対象」が、「対象」としてソノママ受け入れられているという状態ではないときに、というコトであり、続いて、②「対象」が、アプローチする側にとって、どのようなモノ（コト）としてあるのかというコトについて、③何らかの関係で「対象」を規定していると、アプローチする側が思いついたモノ（コト）を介した何らかの手続きによって、④アプローチする側が、「対象」を自分の領域内に持ち込むコトを目的として為されるコト、となる。というコトは、ソレを一歩進めて、アプローチされる側にとっての「解釈・理解・価値評価」とは、というところにまで行くと、ココでの「問い」についての考察は大きく飛躍する。さらに、それらのコトの前提としてある、「解釈・理解・価値評価」を要しない「単なる事実のレベルで留まっているモノ」との関係での「解釈・理解・価値評価」の「位置」についてまで考察を深めるコトが出来れば、「ソレ」自体としては「条件の付着した場面」とは独立的な存在としてある「解釈・理解・価値評価」が、「アプローチする側にとっての」という「条件の付着した場面」でどのようなコトになっているのかが、一層鮮明なモノとなる。

5・2・II

「解釈・理解・価値評価」は「社会保障法」とは独立的なモノとして存在しないのか

　切り取ったアル時点での「解釈・理解・価値評価」は、まずは、個別の具体的な「社会保障に関する法的な諸現象」について為される。ソコでの「解釈・理解・価値評価」は、手掛かりとして、「何らかのモノ」を使用するコトになる。ほぼ、ソレと同時に、それらを反映した「抽象的」な「社会保障法」が現象し、ソレを手掛かりに「社会保障に関する法的な諸現象」が「解釈・理解・価値評価」されるコトになる。さらに、ソノ結果が、次なる「社会保障に関する法的な諸現象」として生成し、ソノ直後に、「抽象的」な「社会保障法」の像として現象するコトになる。「何らかのモノ」という具合に先ほど表現したモノは、「抽象的」な「社会保障法」という表現でもよいのであるが、順を追っての説明の中に、いきなり、「抽象的」な「社会保障法」を登場させてしまうと誤解を招くと思い、「何らかのモノ」と表現した。為されている「解釈・理解・価値評価」は、このように重層的なモノとしてあり、自分勝手に、ソレを自分の領域に取り込むコトは困難である。ソノ結果、「解釈・理解・価値評価」は、自分の意図とは独立した強固なモノとしてある、というように感じられる。ひょっとしたら、逆かもしれない。「手順を踏まずになされたコト」に関してでさえ、何らかのコトに依拠して「解釈・理解・価値評価」されているはずだ、と、探りを入れたくなったりする。コノコトは、多分、ソレ自体としては、「条件の付着した場面」とは独立的な存在としてあるという「解釈・理解・価値評価」の基幹的なコトと関係しているのであろう。例えば、「抽象的」な「社会保障法」というような、そのような「条件の付着した場面」であっても、ソノ「条件」を内に取り込むような手法で、「解釈・理解・価値評価」はソノ独立性を維持する。

アプローチされる「社会保障法」と 「解釈・理解・価値評価」する探究者

　「解釈・理解・価値評価」を媒介にした場合、アプローチされる「社会保障法」と探究者はどのような位置関係にあるのであろうか。コノ場合の「解釈・理解・価値評価」は、探求者が行う「行為」として存在しているが、ソレが、①［「社会保障法」についてのアプローチに際して使用される］というコトであっても、必ずしも、ソレが、②［アプローチされる「社会保障法」についての「解釈・理解・価値評価」］であるとは限らない。ココでの「解釈・理解・価値評価」の位置は、アプローチされる「社会保障法」というよりも、むしろ、探究者に近いモノとして、意識的に設定してある。どういうコトかといえば、探究する側が為す「解釈・理解・価値評価」というモノが、アプローチされる「社会保障法」にとってどのような位置にあるのかというコトが、ココでの「解釈・理解・価値評価」にとっては、とりあえずの、大切なコトとなっているのである。「抽象的」な「社会保障法」についての理解があまりにも多様であるコトから、もし、［アプローチされる「社会保障法」についての「解釈・理解・価値評価」］としてしまうと、結果的に、法的独自性を有する「社会保障法」の「解釈・理解・価値評価」の幅は無限に広がるコトになる。ソノコトを意識するなら、「解釈・理解・価値評価」というモノが、まずは、独立的に存在していて、ソノ独立的なモノと関係を結ぶ「何か」がどのようなコトになっているのかというコトに近づかなければならない。というコトは、探究者が、独立性を維持する「解釈・理解・価値評価」の独立性を利用して、「具体的」な「社会保障関係法」との関係で存在している「抽象的」な「社会保障法」にアプローチ出来るのかが、鍵を握っているというコトになる。

アプローチされる「社会保障法」の変容と 「解釈・理解・価値評価」する探究者 ——静態的位置関係から相互規定的動態的関係へ

　先ほど述べたコトは、とりあえずというコトで切り取った「アル時点」での位置関係というモノに近いモノであった。つまり、まずは、「アル時点」でのコトを想定して、静態的な位置関係として表現し、ソノ時点以降に生じるであろうコトについて述べた。つぎに為さなければならないコトは、静態的位置関係から相互規定的動態的関係へというコトについての移行である。では、なぜ、静態的位置関係から相互規定的動態的関係への移行なのだろうか。ソレは、アプローチされる「社会保障法」自体が常に変容しているからである。研究者の行う「社会保障関係の法現象」についての「解釈・理解・価値評価」の多くは、実は、変容する「社会保障法」を手掛かりとしてなされているのである。法的独自性を有する「社会保障法」が、「社会保障関係の法現象」の生成を反映したモノであるコトから、探究者によってなされる「解釈・理解・価値評価」は、如何にもがいても、相互規定的に変容する「社会保障関係の法現象」と、相互規定的に変容する「社会保障法」から逃れるコトは出来ない。「条件の付着した場面」とは独立的な存在として、「解釈・理解・価値評価」というモノがあるからといって、コノコトは避けられない。スナワチ、私たちの行っている探究は、アプローチされる「社会保障法」の外側の固定的な位置からのモノではなく、先ほど述べたようなシステムに内包されたモノとしてあり、変容を繰り返すトータルなモノの中に位置しているモノなのである。現在時点で、「社会保障関係の法現象」を体験している研究者が、ソノコトについて、現在の「社会保障法」的な「解釈・理解・価値評価」を実施する場合、「実施しているソノコト自体」がシステムに内包されているのである。

変容する「社会保障法」と
「解釈・理解・価値評価」する探究者
——相互規定的動態的関係——（テーマの設定と扱う項目）

テーマの設定

　先ほど少しだけ触れたコトであるが、アプローチされる「対象」が、変容する「社会保障法」であるコトから、為さなければならないコトは、「解釈・理解・価値評価」を媒介にした場合、アプローチされるコトになる変容する「社会保障法」と探究者はどのような位置関係にあるのであろうか、という「問い」に関しての考察である。まずは、相互規定的動態的関係というコトについて理解する。そして、アプローチされる「社会保障法」について、ソレが変容しているというコトについて理解し、その後、探究している私たち自身が、そのような変容しているシステムの中で、当然のように変容しているコトになるコト、さらには、「解釈・理解・価値評価」する探究者が、アプローチの「対象」としての「社会保障法」が変容しているコトと、どのような位置的関係にあるのかというコトについて考える。

この章で扱う項目

Ⅰ　アプローチされる「社会保障法」と「解釈・理解・価値評価」する探究者の相互規定的動態的関係

Ⅱ　アプローチされる「社会保障法」が変容するコト

Ⅲ　気が付かないかもしれないが、「解釈・理解・価値評価」する探究者は変容している

Ⅳ　アプローチされる「社会保障法」の変容と「解釈・理解・価値評価」する探究者

Ⅴ　［システムとしてある「社会保障法」］とソレを「解釈・理解・価値評価」する探究者

5・3

アプローチされる「社会保障法」と「解釈・理解・価値評価」する探究者の相互規定的動態的関係

　ココに居るのは、50年前に20歳で、そのママ、ずーと時間がとまったママのあなただ。ソノあなたが、今、現在の世界に20歳のママ瞬間的に時間移動してきた。そしてもう一人、今、70歳のあなたが、今、ココにいる。50年前から移動してきたあなたをＡ、そして、今のあなたをＢとしよう。Ａのあなたも、Ｂのあなたも国民皆保険は経験している。ただし、「介護保険法」を経験しているのはＢのあなたダケである。Ａのあなたが経験していないコトをＢのあなたは経験している。ＡのあなたとあなたとＢのあなたが対話をするコトは実際にはないが、ＢのあなたがあなたがＡのあなたに語りかける。ＡのあなたがあなたがＢのあなたに質問する。チョット面白い光景だが、似たようなコトは一人での思考でも可能だ。Ａは時間移動する少し前に高度経済成長を経験しており、ソレを踏まえて「社会保障関係法」について「解釈・理解・価値評価」している。Ｂは、進んでいる超高齢社会を目の当たりにして、「社会保障関係法」について「解釈・理解・価値評価」している。Ａのあなたの為す「解釈・理解・価値評価」は、Ｂのあなたの為す「解釈・理解・価値評価」と同じだろうか。生じている「法的諸現象」を反映してアプローチされる「社会保障法」も変容している。ソレとの関係で「法的諸現象」が生成する。そのような過程の中の現在に、ＡのあなたとあなたとＢのあなたがいる。Ａのあなたは、「法的諸現象」の生成をあまり経験していない。Ｂのあなたは、「法的諸現象」をＡのあなたよりも多く経験している。ＢのあなたはあなたＡのあなたに、「対象」が変容しているコトを語りかける。「解釈・理解・価値評価」するそのような二人は、自分達も変容しているコトを実感し、そして、自分達も「対象」との関係では、相互規定的動態的関係にあるコトを実感する。

アプローチされる「社会保障法」が変容するコト

　「傷病」を例に採り上げて、「社会保障関係法」の生成過程の中に「社会保障法」の独自性が形作られていったコトを捉えてみよう。日本では、1922年に「健康保険法」（法70）が制定された。当初の健康保険法は、強制被保険者を「工場法ノ適用ヲ受クル工場又ハ鉱業法ノ適用ヲ受クル事業場若ハ工場ニ使用セラルル者」とし、臨時に使用される者や年収1200円を超える職員は除いていた。「家族の傷病」に関する給付はなく、「業務上・業務外の傷病」を給付の対象としていた。ココで生じたコトは、ごく限られた労働者本人の「傷病」が、「社会的な責任」で対応されるモノとされたというコトである。ソノ後、健保法は、「強制被保険者」枠を拡大し、併行して、職員健康保険法、船員保険法が制定され、「傷病」について「社会的な責任」で対応される者は拡大していった。コノ過程は、限定的であった強制被保険者の枠が拡大したというコトであるから、「任意性」を排除する形で制度は拡大していったというコトになる。さらに、国民健康保険法（1938年、法60）の制定によって、「傷病」について「社会的な責任」で対応される者は非労働者層にまで拡大された。さらに、家族の傷病に対しての補助金の給付を定めた健保法の改正（39年・法74、40年・勅373）、家族療養給付に対する二分の一の法定給付を定めた改正（42年・法38、勅826）もみられた。戦後は、いわゆる「国民皆保険体制」が達成され、さらには、生活保護による医療の給付や社会福祉制度による医療の給付も存在するに至っている。ココに見るコトが出来るのは、「私的な責任」から「社会的責任」への移行であるし、「任意性」から「強制性」への移行である。「社会保障関係法」と「社会保障法」のこのような相互規定的関係は継続的なモノとしてあり、両者は変容を繰り返している。

5
・
3
・
Ⅱ

気が付かないかもしれないが、「解釈・理解・価値評価」する探究者は変容している

　先ほどは、歴史的な幾つかの時点を切り取り、ソレを外側から見たような形で表現した。よく見られるこのような表現方法は、確かに、変容している「対象」を、探求する側が見ているように描かれるのであるが、はたして、探究する側は、「対象」の外側にいるのだろうか。みなさん達の日常がそうであるように、みなさんたちは変容している社会の一員なのである。というコトは、みなさん達の社会保障についての意見や論文が、場合によっては、具体的な「社会保障関係法」というモノに反映し、結果として、具体的な変容に結実するコトもある。そして、そのような「諸々の法現象」が、抽象的な「社会保障法」の「姿」となって現象するのである。というコトから、探究者であるみなさん達も、幾つかの意味で、変容しているコトになる。まずは、①みなさんたちは、歴史的に変容している様々なコトを見ており、ソノコトとの関係で、みなさん達も変容している。ココでの表現は、外でのコトに「影響を受けている」というモノに近いかもしれない。しかし、コノコトをもう少し掘り下げて表現すると、実は、②時間の経過とともに変容している様々なコトの中に、みなさん達の変容も内包されているというコトになるのである。「解釈・理解・価値評価」する探究者である皆さんは、ひょっとしたら、自分達が「解釈・理解・価値評価」する「対象」の外側にいると感じているかもしれないが、しかし、そうではない。コノコトは、みなさん達が帰属している様々な形での社会と、みなさん達の関係でも、全く同様である。地縁や血縁、そして、会社等、実際には、様々な社会にみなさんたちは帰属している。そして、それらは時間の経過とともに変容しており、みなさんたちは、そのような変容している社会の内側に居るのである。

アプローチされる「社会保障法」の変容と 「解釈・理解・価値評価」する探究者

　当然のコトであるが、「社会保障関係法」は、時間の経過とともに改廃等を重ね変容する。ソノコトとの関係で「社会保障法」も変容する。それらの出来事を「解釈・理解・価値評価」する探究者も、同時に変容しているのだが、探求者の多くは、歩調を同じくしているとは考えていない。表現を少し変えると、「その人」は、実際には、「A という社会」に帰属しているのであるけれども、「その人」自身による位置付けは「A という社会」の外側にいるようになっている、というようなコトなのかもしれない。しかし、実際は、「外側に居るようになっている」という形で内側に居るのである。コレは、「政治の世界」や「一生懸命働いているお父さんの世界」ではよく見られる（大いに反省！！）。「皆さんのためにやっている」と称している限りは、「ソノみなさんが構成している社会」の外側の人となっているのである（再び、大いに反省！！）。では、アプローチされる「社会保障法」が変容してゆく過程で、ソノ「社会保障法」と探究者は、「解釈・理解・価値評価」を介してどのような関係にあるのだろう。コノコトが、少し前に述べた「相互規定的動態的関係」というコトになる。以前にも述べたが、私たちの探究の多くは、切り取ったアル時点でのコトを、ソノ切り取られたコトの外側から観察して為している。従って、一見したところ、変容を観察しているように見える歴史研究の場合においても、先ほど述べた切り取った部分をつなぎ合わせるというようなモノで、ソコでなされる「解釈・理解・価値評価」も、結果的には、静態的なモノとなってしまう。変容しているトータルなコトの中に帰属しているコトを、「解釈・理解・価値評価」を試みる探究者自身がどのように表現に生かすか、コレがとても難しい作業である。

5・3・Ⅳ

［システムとしてある「社会保障法」］とソレを 「解釈・理解・価値評価」する探究者

　述べてきたコトを、［システムとしてある「社会保障法」］というところにまで、更に進めなければならない。［システムとしてある「社会保障法」］については、まずは、「社会保障法」が独自の法としてあるというコトについて理解しておかなければならない。そして、ソノコトと「システムとして」というコトを重ねて理解しなければならない。例として［「傷病」という「出来事」］を採り上げてみよう。図式的には、①［自らを「解釈・理解・価値評価」する機能］が内包されている［システムとしての「近代市民法」］がある。ココでは、当事者を拘束するモノとしての［「自由」を前提にした「合意」］にまつわる「解釈・理解・価値評価」が基盤をなしている。その後、②ソレから見た場合に、ソレとは相いれない（特殊な）「解釈・理解・価値評価」によって支えられた具体的な法的諸現象が登場するコトになるが、ココに見るコトが出来るモノは、当事者を拘束するモノとしての［「自由」を排除した「強制」］にまつわる「解釈・理解・価値評価」というモノである。ただし、コレは、個別法というような極めて限定的な現象である。その後、③ソコに見られる特殊性を、共通したモノとして備えた個別のモノが数次にわたって生成するという歴史的過程を経て、④そのような個々のモノに見られる（特殊な）「解釈・理解・価値評価」に共通してみられるモノを、普遍的な「解釈・理解・価値評価」として内包しているようなソレが、［システムとしてある「社会保障法」］に内包される「解釈・理解・価値評価」というコトになる。コノ場合、当然のコトであるが、ソレを「解釈・理解・価値評価」する探究者は、システムをソノ外側から探究しているのではなく、システムに帰属する者としてシステムの内側にいる。

5
・
3
・
V

［探究する私たちにとっての「解釈・理解・価値評価」（というモノ）］と「社会保障法」に内在する［「社会保障法」の「解釈・理解・価値評価」］ ——（テーマの設定と扱う項目）

テーマの設定

　先ほど見た「システムとして」というコトを念頭に置くと、「解釈・理解・価値評価」は、複雑な位置を占めるコトとなりそうであるが、実は、そうでもない。むしろ大変なのは、ソレをどのように表現するかである。混乱しないように、まずは、［探究する私たちにとっての「解釈・理解・価値評価」（というモノ）］と［「社会保障法」に内在する「社会保障法」の「解釈・理解・価値評価」］が存在しているコトから入って、最終的には、［「統合された一つのモノ」としてあるコト］において、［探究する私たちの「位置」］はどのようなモノなのか、というところに辿り着かなければならない。

この章で扱う項目

Ⅰ　［探究する私たちにとっての「解釈・理解・価値評価」（というモノ）］と［「社会保障法」に内在する「社会保障法」の「解釈・理解・価値評価」］の存在

Ⅱ　［探究する私たちにとっての「解釈・理解・価値評価」（というモノ）］と［「社会保障法」に内在する「社会保障法」の「解釈・理解・価値評価」］の関係

Ⅲ　「個々の承認というコト」と「観察者の態度」

Ⅳ　［「統合された一つのモノ」としてあるコト］についての「観察者の態度」

Ⅴ　［「統合された一つのモノ」としてあるコト］において、［探究する私たちの「位置」］はどのようなモノなのか

5
・
4

　混乱を避けるために、まずは、①［探究する私たちにとっての「解釈・理解・価値評価」（というモノ）］と、②［「社会保障法」に内在する「社会保障法」の「解釈・理解・価値評価」］を個々のモノとして見ておこう。「解釈・理解・価値評価」（というモノ）は、①「社会保障法」を［探究する私たちにとっての「解釈・理解・価値評価」］というような「形」で存在するが、同時に、②［「社会保障法」に内在する「社会保障法」の「解釈・理解・価値評価」］というような「形」でも存在している。実際に為されている研究の多くは、前者のようなモノを基盤としている。従って、［「社会保障法」に内在する「社会保障法」の「解釈・理解・価値評価」］に光を当てているように見えるモノでも、実際には、ソレについて、［探究する私たちにとっての「解釈・理解・価値評価」］として捉えるというようになっているコトが多い。注意しなければならないコトは、［「社会保障法」に内在する「社会保障法」の「解釈・理解・価値評価」］というモノが、探究する側の思惑からは独立したシステムとして存在しているというコトである。すなわち、ココでいう［「社会保障法」に内在する「社会保障法」の「解釈・理解・価値評価」］とは、決して、ソレの外側から観察できる固定的なモノではないのである。時間の経過とともに生じているコトは、①歴史的経緯の何らかの時点での「解釈・理解・価値評価」というモノがあり、②ソレとの関係で、何らかの「解釈・理解・価値評価」機能が働くという、そのような連続的な機能を内包する［「システム」としての「社会保障法」］があり、③そのような「社会保障法」に、［「社会保障法」の「解釈・理解・価値評価」］は内在しているのである。

5・4・1

［探究する私たちにとっての「解釈・理解・価値評価」（というモノ）］と ［「社会保障法」に内在する 「社会保障法」の「解釈・理解・価値評価」］の関係

　先程は、「二つのモノ」を「個別のモノ」として見たわけであるが、ソノあとに理解しないといけないコトは、ソノ両者の関係についてである。重要なコトは、①アプローチの「対象」となっている「社会保障法」が、ソモソモ、「解釈・理解・価値評価」内在的な［「システム」としての「社会保障法」］として存在しているというコトであり、②ソノ場合の「システム」というモノは、ソレ自体が、［「解釈・理解・価値評価」内在的なモノ］としてある、というコトである。従って、①と②との関係は、②が基盤として存在し、ソレの具体的な一つの「形」として①がある、というモノとして存在しているコトになる。探究する人たちに任されたように感じられる［探究する私たちにとっての「解釈・理解・価値評価」］ではあるが、①と②との関係がそのようなモノであるので、［探究する私たちにとっての「解釈・理解・価値評価」］自体が、探究する「対象」としての「社会保障法」というモノに規定されたモノとしてあるのである。［探究する私たちにとっての「解釈・理解・価値評価」］が、「社会保障法」に規定されたモノとしてあるというコトから、ソレは、［「解釈・理解・価値評価」を内包するモノ］としてある［「システム」としての「社会保障法」］というモノの「姿」の一つの部分であるというコトもできる。①と②は、相互に独立した互いに緊張関係にある存在のように見えるかもしれないが、実は、そうではなく、②が①を包み込むような関係にあるのである。一見したところ、探究する側に任されたように感じる「解釈・理解・価値評価」であっても、ソレは、トータルな［「システム」としての「社会保障法」］というモノの「姿」の一つの部分なのである。

「個々の承認というコト」と「観察者の態度」

　というコトは、観察している多くの研究者にとっては、トータルな［「システム」としての「社会保障法」］の承認以前に、まずは、「個々の承認というコト」が、頭の中で生じているのであろう。コノ場合、「社会保障法」を観察している研究者は、［探究する私たちにとっての「解釈・理解・価値評価」］については承認するものの、［「社会保障法」に内在する「社会保障法」の「解釈・理解・価値評価」］については気に留めていない。そのようになってしまうのは、「解釈・理解・価値評価」というモノが、「対象」を観察している人々（研究者）に専有されたモノであると考えているからである。従って、為されるコトになる「解釈・理解・価値評価」は、もっぱら、「解釈・理解・価値評価」の為される時点での、定点的「状態」に関して、というコトになる。為されているコトは、「法律」、「施行令」、「施行規則」、「通知」、「判決」等など、という具合に、階層化した異なる言葉で言い換えただけのモノを、「解釈・理解・価値評価」と称しているのである。このように、実際に為されているコトの多くは、常に変容している［「対象」に内在している「解釈・理解・価値評価」］を手掛かりとした「社会保障法」へのアプローチではなく、停止させた「対象」についての［「観察する私たちにとっての「解釈・理解・価値評価」］を手掛かりとしたアプローチである。「解釈・理解・価値評価」というコトに関して「観察者」が為さなければならないコトは、「観察者」としての自分が為している「観察」自体が、「対象」が有する［「対象」に内在している「解釈・理解・価値評価」］との相互関係の一部としてある、というコトの承認である。

[「統合された一つのモノ」としてあるコト] についての「観察者の態度」

　「社会保障法」を観察している研究者は、①[探究する私たちにとっての「解釈・理解・価値評価」]と、②[[社会保障法」に内在する「社会保障法」の「解釈・理解・価値評価」]が、一つの「トータルなシステム」としてあるコトについて気が付いていない。①と②について、大雑把に言うなら、①と②が、それぞれに相互規定し合ったモノとして、結果として、②のように表現できる状態になっているというコトであり、さらには、その②が、実際には、①をも包み込んだモノとしてあるのである。すなわち、探究している「私たち」も、「描かれている鳥瞰図」の中に「位置」を有しているのである。もう少しいえば、[探究する私たちにとっての「解釈・理解・価値評価」]が「対象」としているモノは、②のように表現されているモノについての、ある時点での観察結果の部分であり、ソレを、研究者は、①のようなモノとして静態的に表現しているのである。切り取ったソノ時点での「姿」は、確かに、静態的に見えるが、実際には、常に生じている現実の「社会保障関係の諸々の法現象」との関係で、②も常に変容しているコトから、このような動態を表現するために「トータルなシステム」という具合に、ココでは表現しているのである。ただし、相互に規定しあって変容しているモノについて、「トータルなシステム」としてこのようになっていると表現する場合であっても、「解釈・理解・価値評価」というモノ、ソレ自体は、①と②のように表現されたコトとは独立したモノとして存在しているコトには注意しなければならない。そのような「動態」を「ことば」を使用して表現しなければならないコトから、どうしても、①と②が固定された静態的なモノのように表現されてしまうコトになる。

［「統合された一つのモノ」としてあるコト］において、［探究する私たちの「位置」］はどのようなモノなのか

　［探究する私たちにとっての「解釈・理解・価値評価」］と［「社会保障法」に内在する「社会保障法」の「解釈・理解・価値評価」］は、「統合された一つのモノ」としてある。では、ソノコトにおいて、［探究する私たちの「位置」］はどのようなモノなのなのであろうか。「探究する私たち」を基点として、順次説明してみよう。まず、①探究する私たちが、「解釈・理解・価値評価」に係る現実の「社会保障関係の諸々の法現象」を観察しているという意味で、私たちの「位置」は、現実の「社会保障関係の諸々の法現象」に対峙しているように描かれる。②その結果として、私たちは、抽象的な「社会保障法」における「解釈・理解・価値評価」を手に入れるが、コノ「社会保障法」が、実際には、常に生じている現実の「社会保障関係の諸々の法現象」を反映したモノとしてあるコトから、抽象化された「社会保障法」も常に変容しているコトになる。③従って、探究する私たち自体が、そのような常に変容している「対象」との関係の下で、観察や働きかけ等を実施しているコトになるが、ソレが、現実の「社会保障関係の諸々の法現象」に反映され、「観察対象」に具現化し、さらには、抽象化された「社会保障法」にも反映されるコトになる。④生じているコレは、「順序」として、必ずしも、「探究する私たち」を基点としてスタートするモノではないコトから、現実の「社会保障関係の諸々の法現象」からスタートするような説明も、もちろん可能である。⑤そのようなコトから、述べてきた全体的な関係を鳥瞰図的に描けば、「統合された一つのモノ」となるわけであるが、探究している「私たち」も、もちろん、「描かれている鳥瞰図」の中に「位置」を有している。

「解釈・理解・価値評価」を手掛かりにして「社会保障法」を表現する──（テーマの設定と扱う項目）

テーマの設定

　「何らかのコト」についての「責任」や「意思」が、どのように法的に現れているのかという「場」を設定すると、「近代市民法」において見られる「姿」との対比で「社会保障法」の法的独自性を表現できる。ところが、ソノ「何らかのコト」は、「私的」に対応するべきコトであるとか、「社会的」に対応するべきコトであるとか、当初から決められている訳ではない。そうすると、私たちの「解釈・理解・価値評価」が、「私的」と「社会的」の間で揺らぐコトも多いにある。ココでは、「貧困」、「高齢者の所得保障」、「婚姻」、「「措置」から「契約」へ」、社会保障の「費用」を採り上げ、「社会保障法」が、どのように「法的独自性」を有しているモノであるかを表現する。

この章で扱う項目

I 「貧困」を巡る「解釈・理解・価値評価」を手掛かりにして「社会保障法」を表現する

II 「高齢者の要所得の状態」を巡る「解釈・理解・価値評価」を手掛かりにして「社会保障法」を表現する

III 「婚姻」を巡る「解釈・理解・価値評価」を手掛かりにして「社会保障法」を表現する

IV 「「措置」から「契約」へ」を巡る「解釈・理解・価値評価」を手掛かりにして「社会保障法」を表現する

V 社会保障の「費用」を巡る「解釈・理解・価値評価」を手掛かりにして「社会保障法」を表現する

5・5

「貧困」を巡る「解釈・理解・価値評価」を手掛かりにして「社会保障法」を表現する

　「責任」との関係で、[「貧困」という出来事]を、「解釈・理解・価値評価」する際には、二つの大きな道筋がある。一つは「貧困」となったのはだれの責任かというコトについての「解釈・理解・価値評価」であり、もうひとつは、[「貧困」という出来事]に対して誰の責任で対応すべきか、というコトについての「解釈・理解・価値評価」である。社会的な状況によって、両者の関係が密接に関わるモノとして位置づけされ、「解釈・理解・価値評価」される場合もあれば、切り離されて「解釈・理解・価値評価」される場合もある。

　次に、「意思」との関係で、[「貧困」という出来事]を、「解釈・理解・価値評価」する際にも、二つの大きな道筋がある。一つは、「貧困」となったのはだれの意思かというコトについての「解釈・理解・価値評価」であり、もうひとつは、「貧困」に対して誰の意思で対応すべきか、というコトについての「解釈・理解・価値評価」である。コレについても、社会的な状況によって、両者の関係が密接に関わるモノとして位置づけされる場合もあれば、切り離される場合もある。「意思のありようという軸」を設定して、左の極に「任意」というモノを設けて、右側に「強制」というモノを設けてみれば、人々の考え方や実際の制度はその軸の上で揺らぐコトとなる。例えば、極めて貧しい人が猛烈な感染症にかかった場合などに問題は顕在化するコトとなる。本人が「自分の責任ですから、社会的な費用を使って病院に入るコトはしない」と意思表明したとしても、「お金のことは心配しないでいいので（＝社会的な費用で対応しますから）」というコトで、「強制的」に入院させられるコトも生じる。

「高齢者の要所得の状態」を巡る「解釈・理解・価値評価」を手掛かりにして「社会保障法」を表現する

　「高齢者の要所得の状態」というコトソレ自体は、単なる事実としての出来ごとである。「高齢者の要所得の状態」というモノについて、基本的な考え方を「自己責任」として位置づけするのか、「社会的責任」とするのかというコトは、当初から決まっているわけではない。たとえば、A 働く場所があって勤労所得を手に入れている高齢者、B 高額な家賃収入がある高齢者、C 子どもから仕送りしてもらっている高齢者については、A、B、C の高齢者が所得の保障を必要としているかといえば、「そうとは限らない」となりそうだ。コノ場合の「そうとは限らない」というコトの背景には、A、B、C の状態を「自助努力」や「私的な扶養」との関係でみる「解釈・理解・価値評価」というモノがある。「責任」というコトでいえば、A、B、C についての「自助努力」や「私的な扶養」は、「社会的な責任」として位置付けされる公的年金とは異なる「責任」をベースとしたモノである。ココに、独自の法としての「社会保障法」の「姿」が現れる。そして、「私的な責任」と「社会的な責任」の関係についても、「高齢者の所得」についての「責任」の「ありよう」という意味で、具体的な制度化にあたってバリエーションがある。「高齢になっても働く場所があって高額の所得を手に入れている人には年金は支給しない」とするのか、あるいは、「高額の所得を手に入れている人にも、(負担義務を果たしたので)年金を支給する」とするのか、という形で制度は岐路に立たされるコトとなる。このようなコトについて考えるためには、例えば、①高齢者の所得保障についての「歴史的経緯」と議論、②高齢者の所得保障の「制度的現状」と議論、③国民年金制度をベースにした「国民皆年金」というコトについて、「理解」する必要がある。

「婚姻」を巡る「解釈・理解・価値評価」を手掛かりにして「社会保障法」を表現する

　「婚姻」は、個人の「自由意思にまかされたコト」と「解釈・理解・価値評価」される場合もあれば、「社会的に関与されるコト」と「解釈・理解・価値評価」される場合もある。「社会的に関与されるコト」とされると、「婚姻」に関係して「社会的な費用」が支出されるコトも生じる。戦時体制下の日本において、「婚姻」は、「人口増殖」や「民族興隆」等との関係で、「社会的に関与されるコト」として「解釈・理解・価値評価」されてきた。典型的なモノは、「結婚観ノ舊體制ヲ是正シテ、是非新シイ結婚観ヲ樹立スル必要ガアルト思フノデアリマス、即チ結婚ハ決シテ個人ノ私事デハナイ、民族興隆ノ基礎デアル、兩親ヤ周圍ノ指導ノ下ニ、若キ二人ガ互ヒニ助ケ合ツテ堅實ナ家ヲ建設シ、サウシテ世界無比ノ團體ニ淵源スル立派ナ日本民族ノ血液ヲ永遠ニ生々發展セシムルト云フヤウナ使命ヲ感ジナガラ澤山ノ子供ヲ産ミ、丈夫ニ育テ、教育シテ、國家ノ御奉公ニ役立タシムルト云フ信念ヲ確立スル、サウ云フ氣風ヲ作ツテ行カナケレバ今日ノ大東亞戦争ノ後ニ来ルベキ大東亞ノ經營ニ當ツテノ日本民族ノ發展ト云フモノガアリ得ナイト思フ、随テ性慾ト云フヤウナモノヲ國家ニ捧ゲル、結婚ハ個人ノ私事デハナクシテ、國家興隆ノ基礎デアルト云フ結婚観ヲ確立致シマシテ、性生活ノ厳正化ヲ強調スル所ノ社會環境ヲ速カニ確立スルコトガ必要デアル」（羽田委員）（第 79 回帝國議會　衆議院　國民體力法中改正法律案他四件委員會議録（速記）第 3 回・昭和 17 年 1 月 27 日・25 ページ）というようなモノである。「結婚」や「子どもを産むコト」は個人の自由意思にまかされるモノではない、というコトが強調されたのである。独自の法としての「社会保障法」は、このように、「意思」という枠組みを設定するコトによっても表現できる。

5・5・Ⅲ

［「措置」から「契約」へ］を巡る「解釈・理解・価値評価」を 手掛かりにして「社会保障法」を表現する

　介護保険制度が創設される際、ソレまでの「措置方式」は「契約方式」へと転換するコトになった。コノコトについて表現したモノが［「措置」から「契約」へ］である。当時、盛んに言われたコトは、要介護状態にある高齢者であっても、ソノ人が 24 時間、365 日「要介護状態にある高齢者」として生活しているわけではない、というコトであった。要介護の状態の程度にもよるのだろうが、確かに、契約を結んでモノを買ったり、選挙に行ったり、というコトで、「消費者として」生活をしている場面も多いし、「市民として」生活している場面も多い。高齢化の進行とともに、このような人々は増加するコトになる。というコトから、様々な商品と同じように、選択して購入するモノの一部として介護に関するサービスなども位置づけたわけである。従って、ソコでの「解釈・理解・価値評価」は、行政が一方的に決めて実施するという方式を変容させるというモノで、「強制（措置）」から「任意（契約）」へというモノであった。多くの反対論を押し切るように事が進んだ背景には、①民営化の流れ、②介護が家族に任されているというコトの限界、③介護分野での雇用の創出への期待、④ NPO 等への期待、⑤社会的入院と表現される状態の解消、等があった。独自の法としての「社会保障法」の表現に有用な「意思」を採り上げてみるなら、ココには、「強制（措置）」から「任意（契約）」へという流れが見られるコトになる。具体的流れは、みなさん達の望んでいるモノとは異なるかもしれないが、［「具体的」な「社会保障関係法」］と［「抽象的」な「社会保障法」］が、「一つのシステムとして」相互規定的に存在しているというコトを踏まえれば、先ほど述べた様々なコトが「社会保障法」が表現しているコト（の一部）というコトになる。

社会保障の「費用」を巡る「解釈・理解・価値評価」を手掛かりにして「社会保障法」を表現する

　社会保障給付のための「費用」が「誰」によって負担されるかは、給付の原因となる「傷病」や「貧困」等の「出来事」をどのようなモノとして位置づけるのかが鍵を握っている。医療保険にしても、年金（保険）にしても、「費用」には税が入り込んできている。生活保護については税が財源となっている。ところで、これらの「費用」については、「負担した人自身の必要性」に対応するコトを念頭に置いたモノとして「解釈・理解・価値評価」するべきなのであろうか。実は、そうではなくて、「必要性の発生する人」を念頭に置いたモノとして「解釈・理解・価値評価」するべきモノなのである。「負担するコト」を「負担した人自身の必要性」に対応するコトを念頭に置いて「解釈・理解・価値評価」しようとすれば、ソレは「近代市民法」的なモノとなり、「負担した人」の中では完結するものの、「負担できた人」と「負担できなかった人」は分断されるコトになる。ソノ結果、生じるコトは「連帯」ではなく「分断」や「排除」というコトになる。ソレに対して、「負担するコトの意味」を、「必要性の発生する人」に対応するコトを念頭に置いて「解釈・理解・価値評価」しようとすれば、ソレは「負担する人」と「必要性のある人」を「連帯」させるコトとなる。負担するという「社会的義務」を果たすコトによって、「（自分を含む）必要性が発生している人」との「連帯」が形成されるコトになる。このような関係に独自の法としての「社会保障法」の「姿」をみるコトができるのである。背景にあるモノは、「傷病」や「貧困」等を、ソノ人の「責任」との関係で「解釈・理解・価値評価」するのではなく、誰にでも生じるコトであるというように「解釈・理解・価値評価」するという考え方である。

「解釈・理解・価値評価」を手掛かりにした
「社会保障法」へのアプローチのための補足テーマ

「解釈・理解・価値評価」の揺らぎに気づくコトの大切さ

　独自の法としての「社会保障法」がどのようなモノであるかを知るためには、何らかの状態を作り出しているコトがどのようなコトとして理解されていたのかを知ることが大切である。そして、ソノコトは、「現代の状態」（というモノ）について、私たち自身がどのように理解しているのかだとか、価値評価するコトになっているのだとかについて気づかせてくれるコトとなる。ココで採り上げる明治期の法案を巡る発言は、現代の私たちから見れば「旧いモノ」に見えるかもしれない。しかし、以下のようなコトには気をつけなければならない。ソレは、何らかの「出来事」や「状態」についての対応が、当初から「社会的な対応がなされる事柄」という具合に決められているモノではないというコトである。それらの「出来事」や「状態」は、何らかの拍子に、もっともらしい「理屈」で、「税金」で対応すべき事柄として社会に立ち現れるのである。そして、そのように理解されたコトが、ソノ後の制度生成の基盤を作っていくコトになる。従って、ソノ出発時点では、もちろん、「解釈・理解・価値評価」の揺らぎを見るコトが出来る。

〈傳染病豫防法（明治30年・法律36號）の法案提出の説明にみられる揺らぎ〉

　「此傳染病豫防法案ハ御承知ノ如ク現行ノ傳染病豫防規則ハ明治十三年ノ制定ニ係リマシテ爾來社會ノ變遷傳染病學ノ進歩ト其他地方ノ制度一般ノコトガ大ニ變リマシタ今日デゴザリマスルカラ到底今日ノ豫防規則デハ十分ニ此豫防ヲ爲ス準備ガ出來カネマス故本案ヲ提出致シマシタ」（政府委員　中村元雄氏発言）（『官報號外　第十囘帝國議會　貴族院議事速

記録第十六號』　明治30年3月9日　傳染病豫防法案　第一讀讀會153ページ）。

　「地方制度ニモ餘程ノ大改革ガゴザイマス……（中略）……何分此傳染病ノ豫防ハ先ズ一己人又ハ上ッテ一町村、一市、一府縣ト云フヤウニ段々上ッテ良イ豫防ノ方法ヲ蜜ニシャウト云フ目的デゴザイマス、所ガ現行法ニハ其點ハアリマシテモ、實際行フニ段々差支ヘルコトガゴザイマス、デ此度提出シマシタノハ卽チ市町村デハ是〃ノコトヲシナケレバナラヌ、又一一己人ニ於テハ是〃ノコトヲシナケレバナラヌ、府縣ニ於テハ是〃ノコトヲシナケレバナラヌ、又國ハ是〃ノコトヲスルト一〃區分ヲシテ、ソレデ冀クハ豫防ノ方法ヲ蜜ニシタイト云フ精神ガ重ナル理由ノ一デゴザイマス」（政府委員　三崎龜之助氏發言）（同前153ページ）。

　「是ガ豫防ノ上ニ效果ガアルカト云フコトハ是マデ法律ノ不十分ナガタメニ色〃斟酌ヲシナケレバナリマセヌ、往復ニ手數ヲ要シマスル、ソレガタメニ豫防ノ上ニ手後レヲヲスルト云フヤウナコトモアルヤノ嫌ガアリマシタ、ソレ等ガ比較的少タナルデ却テ有效的ノ豫防ガ行届クデアラウト思フノデアリマス」（政府委員　三崎龜之助氏發言）（『官報號外　第十回帝國議會　貴族院議事速記錄第十七號』　明治30年3月11日　傳染病豫防法案　第一讀會156ページ）。

〈精神病者監護法（明治33年・法律38號）の法案提出の説明にみられる揺らぎ〉

　「本案ヲ提出シマスル所以ハ理由書ニ審ニゴザイマシテ御承知ト存ジマスルガ一言唯申上ゲマスガ精神病ニ附イテ社會ニ患害ヲ流シマスルノハ實ニ意想外ニ大ナルモノデアリマス、民法上ニ於テ規定ハアリマスケレドモ是ハ民法ニ規定スル所ハ重ニ財産上ノ保護デゴザイマシテ此精神病者ト云フモノニ附イテ社會ニ障害ヲ及ス如キニ附イテノデゴザイマセヌ、依ッテ此法律ヲ制定シテ右等ノ者ノ者ヲ能ク保護シテ遂ニ社會ニ流ス患害ヲナキヤウニ致シタイト云フ目的デアリマスルノデ」（政府委員　松平正直氏（当時）發言）（『第十三回帝國議會　貴族院議事速記錄第十三號』　明

治 32 年 1 月 19 日　精神病者監護法案　第一讀會 162 ページ）。

　「理由書ニ認メアリマスル通リニ此民法上ニ禁治産ノ法ガ制定セラレ
テアリマスルケレドモ此行政上ニ精神病者ヲ取締ル法律ガ少シモナイノ
デアリマスノデ、ソレ故ニ此精神病者ノ取締ヲスル譯ニ參リマセヌカラ
行政上ノ點ニ就キマシテ精神病者ノ（聽取シ難シ）竝ニ精神病者ヲ保護
致シマス等ニ就テ必要ヲ感ジマシタ點カラ此法案ヲ提出致シマシタ次第
デゴザイマス」（政府委員　長谷川泰氏（当時）発言）（『第十三回帝國議會
貴族院精神病者監護法案特別委員會議事速記録第一號』明治 32 年 2 月 8 日 1 ペー
ジ）。

　「畢竟精神病者ノ保護ニ關シマシテハ民法ニモ規定ガアリマスルガ、
民法ノ規定ハ主トシテ財産上ニ止ッテ居リマス、ソレ故ニ本法ヲ制定シ
マシテ身體ヲ保護シ併セテ社會ニ及ボス障害ヲ防ギマシテ精神病者ニ關
スル自他ノ保護ヲ全カラシメムトスルノニ外ナラヌノデアリマス」（政
府委員　松平正直氏（当時）発言）（『第十四回帝國議會　貴族院議事速記録第十
二號』　明治 33 年 1 月 20 日精神病者監護法案　第一讀會 181 ページ）。

「説明・表現・技術」を手掛かりにした 「社会保障法」へのアプローチ

──〈探究する私たちにとっての「説明・表現・技術」(「ソモソモ」)〉と
〈「社会保障法」によってなされる［「社会保障法」の「説明・表現・
技術」］(「深掘り」)〉──

「説明・表現・技術」を手掛かりにした「社会保障法」へのアプローチ――〈探究する私たちにとっての「説明・表現・技術」(「ソモソモ」)〉と〈「社会保障法」によってなされる [「社会保障法」の「説明・表現・技術」] (「深掘り」)〉――

　第6部では、「説明・表現・技術」を手掛かりにして「社会保障法」へのアプローチを試みるコトとなる。「Aのコト」について「説明」しようとするならば、「説明」する前に、「Aのコト」について、「説明」する人なりの「解釈・理解・価値評価」をするという工程がある（とされている）。甲さんが、「Aのコト」を、実際には「理解」していないママに「説明」したとしても、聞いている乙さんは、多分、甲さんが「理解」して「説明」している、と感じてしまう。日常の会話は、コノコトの瞬時の繰り返しであり、順序が逆になっているようなコトも珍しくはない。コノコトは、他者に対しての「説明・表現・技術」の場合でも、自分だけで思考する場合であっても同様である。正邪は別として、その人なりの「解釈・理解・価値評価」がなされていれば、結果として伝わるか否かは別として、構造上は、一応の形はつくコトになる。逆に、「Aのコト」についての「説明」が、「Aのコト」についての「解釈・理解・価値評価」を踏まえたモノでない場合、気がつかれるかどうかは別として、他者に対してのソコでの「説明」は、構造的には、土台を失ったモノとなっている。第6部でようやく、「社会保障法」についての「説明・表現・技術」にまで来たわけである。ココに来るまで、①「対象」は明確か、②「論理」はどうか、③「分類・整序」はどうか、④「解釈・理解・価値評価」はどうなっているのか、等について、順を追って述べてきたつもりであるけれども、逆でもよかったのかな、とも思っている。

　「説明・表現・技術」についても、コレまでと同じように、「説明・表現・技術」というモノが、「社会保障法」の研究にとってどのような位

置にあるのか、というようなところから述べるつもりである。避けているコトは、「社会保障法」についての「説明・表現・技術」が上手く出来ているのか、というようなスタイルである。ココで、私が、特に気を付けているコトは、常に変容している「社会保障法」というモノについて、「社会保障法」にアプローチを試みている研究者が、自らの位置を、相互規定的な動態的関係として意識しているか、というコトについて上手く表現出来ているのか、というコトについてである。「解釈・理解・価値評価」の箇所でも述べたが、私たちは、切り取った一つの時点でのモノを「対象」として、ソコでの得られた「ヒント」を、「社会保障法」の「姿」としてしまう。その場合、描かれる「姿」は、どうしても、静態的なモノとなってしまう。「対象」となっているモノの実際の「姿」は、常に変容しているのであるから、表現するにあたって、変容しているというコトをどのように反映させるかが難しいところである。

第6部の具体的構成

第1章 導入──「社会保障法」に当てはめる「問い」

第2章 アプローチされる「社会保障法」と「説明・表現・技術」する探究者──静態的位置関係

第3章 変容する「社会保障法」と「説明・表現・技術」する探究者──相互規定的動態的関係

第4章 ［探究する私たちにとっての「説明・表現・技術」（というモノ）］と「社会保障法」に内在する［「社会保障法」の「説明・表現・技術」］

第5章 「説明・表現・技術」を手掛かりにして「社会保障法」を表現する

導入
——「社会保障法」に当てはめる「問い」——
（テーマの設定と扱う項目）

テーマの設定

　原点に戻ってみよう。私たちは、一体、「社会保障法」についてどのように「説明」しているのであろうか。しかも、継続的に変容している「社会保障法」のコトを。あらためて考えると、ソモソモ、変容している「抽象的」な「社会保障法」というモノが、様々な変容している「具体的」な「社会保障的法現象」との関係で存在しており、ソノ動態をどのように表現するか、というコトが突き付けられている、というコトになる。しかも、観察している私たち自身が、システムとしての動態の中に存在しているという、面倒なコトになっている。ソレを考えると、どうしても、手の込んだ面倒な記述になってしまう。まずは、私たち自身が、何を、如何に為してきたかというところから入っていって、その後に、すこしずつ面倒なコトに挑んでいくコトになる。いよいよ、最後の段階の幕開けである。

> ### この章で扱う項目
> Ⅰ　「説明・表現・技術」を手掛かりに「社会保障法」にアプローチすると称して為されているコト
> Ⅱ　[「抽象的」な「社会保障法」にみられる「説明・表現・技術」] と [「具体的」な「社会保障関係法」にみられる「説明・表現・技術」]
> Ⅲ　「社会保障法」にアプローチするために必要になる「説明・表現・技術」
> Ⅳ　[システム化した「社会保障法」自体] が [「社会保障法」を「説明・表現・技術」するコト] はないのか
> Ⅴ　アプローチされる「社会保障法」を表現する「説明・表現・技術」

6・1

「説明・表現・技術」を手掛かりに「社会保障法」に アプローチすると称して為されているコト

　「社会保障法」にアプローチする際に、私たちは、「説明・表現・技術」というモノを、一体、どのようなモノとして位置づけているのだろうか。少し手前から述べると、私たちは、「社会保障法」の前提としての、社会保障に関する「具体的な諸法現象」のコトについて、どのようにして「説明しているコト」になっているのだろう。ソレは、相手に対して、「書かれているモノを読む」というコトであろうか。否、「説明しているコト」は「読めるコト」や「覚えているコトを言うコト」とは違う。もう少し、奥に入ってみよう。では、[「活字を読む」、「音読する」]というコトは、「説明するコト」とどこで接合するのであろうか。もう少しいうなら、ココで気にかけているコトは、[たまたま、その「音」、たまたま、その「文字」、の「ことば」を使用して表現されている「(ソノ)条文を読む」というコト] が、[「条文の全体」の「内容」を「わかっているコト」] と、どのようにして接合するのであろうか、というコトである。実は、このような妙な問いかけを通過しないと、「社会保障法」へのアプローチなんて、ソモソモ、無理なのだ。もっと奥に入ってみよう。では、皆さんは、[具体的な「健保法」にある「被保険者」のコト] を [「どのようなコト」として] 捉えているのであろうか。さらに、ソノ [「どのようなコト」として] というコトの「答え」は、一体、どこから出てくるモノなのであろうか。コノ「問い」の「答え」にならないかも知れないが、気に掛けなければならないコトがある。ソレは、私たちが、「ソレ」を表わす [「被保険者」という具体的な「ことば」] を知らなくても、「説明」したい「対象」のコトを、たとえば、A「○○のような場合に」だとか、B「△△という義務を負い」、というような具合に頭に描いているコトである。

6・1・I

[「抽象的」な「社会保障法」にみられる「説明・表現・技術」] と [「具体的」な「社会保障関係法」にみられる「説明・表現・技術」]

　というコトで、前のページで見たコトとの関係でいうなら、ソモソモ、〈「社会保障関係法」のワールド〉に止まるコト自体、極めて困難なコトなのだ。例えば、〈この法律において「被保険者」とは、適用事業所に使用される者及び任意継続被保険者をいう。ただし、次の各号のいずれかに該当する者は、日雇特例被保険者となる場合を除き、被保険者となることができない。〉（健保法第3条）と書かれた「条文（＝文章）」を音読し、ソノ後、「今、読んだ通りです」という発話では、「条文（＝文章）」についての「説明」はなされたコトにはならない。なぜなら、具体的な条文（＝文章）を「説明」するために通過しなければならない道は、例えば、［具体的な「健保法」］にとどまらない、［名詞としての「被保険者」］についての抽象化された「理解」であったり、［「適用事業所」というコト］についての、［具体的な「健保法」］に限定されない抽象化された「理解」であったりするからである。すなわち、「健保法」内に存在している具体的事柄を、あなたの「何らかの前提的知識」によって、抽象化されたあなたの「理解」枠組みの中で「落ち着いたモノ」にして、その後に、「説明」に入っていくわけである。ただし、結果として、ソレは、「正しくない説明である」というコトになっているかもしれない。コノコトを総合するなら、①「現実のあなた」がなしているコトは、一方で、具体的な「健保法」の条文を読みながらも、②同時に、「対象」としての［「健保法」］のコトを、［具体的な「健保法」］にとどまらずに、あなたの持っている抽象化された知識を駆使して、言い換えれば、［「現実の条文」と「抽象化された知識」］を瞬時に往復しながら、③「理解できたという状態」に自分を置いて、その後に、「説明」というコトを為しているのである。

「社会保障法」にアプローチするために必要になる「説明・表現・技術」

　「社会保障法」にアプローチするために必要になる「説明・表現・技術」は、具体的な「社会保障関係法」の条文や裁判例についての「説明・表現・技術」を超えて為されるコトとなる。「どういうコト？」となった方たちのために、前のページで触れたコトについて、少し角度を変えて述べてみよう。言ってしまえば、〈「社会保障法」のワールド〉というモノは、例えば「文字」というような、私たちの目に見えるようなモノとして存在しているわけではない。コノコトについて、簡単な例を使って考えてみよう。制定当初、「健保法の被保険者」は、「工場法ノ適用ヲ受クル工場又ハ鉱業法ノ適用ヲ受クル事業場若ハ工場ニ使用セラルル者」という「具体的」な「ことば」で表現される「被保険者」であった。そして、現代の「健保法の被保険者」は、「適用事業所に使用される者及び任意継続被保険者」という「具体的」な「ことば」で表現される「被保険者」である。この変容のコトを表現する際に、例えば、「人的適用範囲の拡大」というような、ソレゾレの時点で切り取られた「健保法」の変化のような表現ではなく、①固有名詞的な［制定当初の健保法の「被保険者」］が存在し、②固有名詞的な［現代の健保法の「被保険者」］が存在している、として、③それら2つのコトを共に表現できる共通した抽象化された準則（スケール）としての［「被保険者」というモノ］を用いて、④固有名詞的な［制定当初の健保法の「被保険者」］を位置付け、⑤固有名詞的な［現代の健保法の「被保険者」］を理解する、という具合に表現すればどうだろう。そうすれば、具体的なモノとしては存在していない、抽象的な〈「社会保障法」にアプローチするために必要になる「説明・表現・技術」の「意味」と「位置」が理解できそうだ。

［システム化した「社会保障法」自体］が［「社会保障法」を「説明・表現・技術」するコト］はないのか

　「社会保障法」についての「説明・表現・技術」として為されているモノのほとんどは、具体的な「社会保障関係の法的諸現象」についての「説明・表現・技術」である。コノコトに関係して出てくるのが、［システム化した「社会保障法」自体］が［「社会保障法」を「説明・表現・技術」するコト］はないのか、という「問い」である。コノ「問い」に答えるため順次説明してみよう。確認的に思い出していただきたいコトがある。ソレは、［［「抽象的」な「社会保障法」にみられる「説明・表現・技術」］］と［［「具体的」な「社会保障関係法」にみられる「説明・表現・技術」］］との関係である。大きな幅がある存在のような両者ではあるが、実は、両者の関係は、今まで見てきたように、相互規定的なモノであり、常に変容している。もう少し具体的に言うなら、具体的な「社会保障関係の法的諸現象」の変容との関係で「抽象化」された「抽象的なモノ」が生成し、ソレが、さらに、具体的な「社会保障関係法」の変容を生じさせる、というコトになる。このようなサイクルのある時点での断片的状態を、複数、「点」的に取り出して、それらの「点」と「点」をつなぎ、表現しているのである。ソノ結果、表現は、どうしても静態的なモノとなってしまう。概略的に述べた継続的なサイクルの状態は、私たちがソノ外側にいるような形としての表現になってしまうわけであるが、実際には、私たち自身もそのサイクル化した状態の中に存在している。コノコトについて、角度を変えて、「社会保障法」という観点から表現するなら、［システム化した「社会保障法」］というコトになる。以上のコトを総合すると、［システム化した「社会保障法」自体］が［「社会保障法」を「説明・表現・技術」するコト］は「ある」というコトになる。

6
・
1
・
Ⅳ

アプローチされる「社会保障法」を 表現する「説明・表現・技術」

　「説明・表現・技術」（というモノ）は、アプローチの「対象」となっている「社会保障法」をどのような手法で表現するのであろうか。ソノ結果、「社会保障法」はどのようなモノとして表現されるのであろうか。繰り返しになるが、前提となるのは、「近代市民法」との関係で法的独自性を有するモノが「社会保障法」であるというコトである。「近代市民法」についての表現の場合に「説明・表現・技術」が占めている位置との関係で、「社会保障法」は、ソノ法的独自性を「説明・表現・技術」という点で表出させるコトになる。本人が「自由に意思を表現できる環境下にあったかというコト」が、「近代市民法」について様々なコトを「説明・表現・技術」するための一つの分水嶺をなしている。他方、「社会保障法」においては、「意思」を巡って「近代市民法」が期待しているコトが不可能であるコトを、一つの重要な前提としており、ソノコトが、「社会保障法」の法的独自性として「説明・表現・技術」について現れる。しかし、コノ独自性は、たとえば、[「意思」に関する場面]に見るコトが出来るように、実際の場面では常に揺らいでいる。揺らぎが生じるのは、例えば、「社会福祉」の基底に見るコトが出来るように、「社会保障法」についての「説明・表現・技術」が、常に、「近代市民法」についての「説明・表現・技術」との緊張関係にあるからである。そのような緊張関係は、前提としての「自由」や「責任」に係る場面で、具体的にみるコトができる。例えば、「認知症……の権利」というようなありようで、「近代市民法」についての「説明・表現・技術」が基底的に存在しており、常に、「社会保障法」に揺さぶりをかけている。揺らいでいるこのような「姿」は、各種の裁判例に見られる双方の当事者の主張に見るコトが出来る。

6 ・ 1 ・ Ｖ

テーマの設定

「説明・表現・技術」を手掛かりとして、何らかの「対象」へのアプローチが試みられる場合、［ソノ「対象」］と［「説明・表現・技術」する側］とはどのような位置関係にあるのであろうか。コノコトについて、まずは、静態的位置関係からスタートしてみよう。

というコトで、ココでは、いきなり中に入らずに、①ソモソモ、「説明・表現・技術」とは、私たちにとって、一体、どのようなモノとしてあるのだろうか、というようなところから始めて、②何らかの「対象」にアプローチする場合、アプローチする側にとっての「説明・表現・技術」とは、どのようなモノなのか、というところに進んで、③最終的には、アプローチされる「社会保障法」が変容するコトを踏まえ、ソノ場合の、「社会保障法」と「説明・表現・技術」する側との位置関係をみるコトにする。

この章で扱う項目

 I 「説明・表現・技術」されていると感じられる状態とは
 II アプローチする側にとっての「説明・表現・技術」
 III 「説明・表現・技術」は「社会保障法」とは独立的なモノとして存在しないのか
 IV アプローチされる「社会保障法」と「説明・表現・技術」する探究者
 V アプローチされる「社会保障法」の変容と「説明・表現・技術」する探究者——静態的位置関係から相互規定的動態的関係へ

6・2

「説明・表現・技術」されていると感じられる状態とは

　「説明・表現・技術」されていると感じられる状態とは、どのような状態のコトなのであろうか。コノコトに係る構成要素は、①「説明・表現・技術」する「主体」、②「説明・表現・技術」される「対象」、③為されるコトとしての「説明・表現・技術」である。「問い」は、①、②、③によって構成され、為されるコトを、位置の関係として外側から観察した場合、どのようなコトが生じている場合に、「説明・表現・技術」されていると感じられるのであろうか、というモノである。簡略化すれば、「説明・表現・技術されていると感じられる状態」であると判断できるコトは、どのようなコトが満たされるコトによって確保できるのか、というコトである。「説明・表現・技術されていると感じられる状態」とは、構造的には、A．観察する側にとって説明しづらいにもかかわらず、B．観察する側によって理解された「ソレ」が存在している場合に、C．観察される「対象としてのソレ」の外側から、観察する側によって「ソレを対象」として為されるコトによって創出されるモノである。そのような構造であるコトから、甲さんが、「Aのコト」を、実際には「理解」していないままに「説明」したとしても、聞いている乙さんは、〈多分、甲さんは「理解」して「説明」しているのであろう〉と感じてしまうコトになる。概括的に述べれば、①「対象」を代弁できていないという状態のトキに、②「対象」がどのようなモノ（コト）としてあるのかというコトについて、③何らかの関係で「対象」を規定していると考えられるモノ（コト）を介した何らかの手続きによって、④「対象」を観察する側にとっての既理解事項とし、⑤ソレを、「対象」を代弁するモノであるとするコトを目的として、観察する側によって為されるコト、等の事柄が充足されるコトが目安となるであろう。

アプローチする側にとっての「説明・表現・技術」

　「アプローチする側にとっての」という明示的な「位置」が付着した結果として、先ほど述べたような一般的な意味での「説明・表現・技術」が、ソノ有する「可能性」の一部を表出させるコトになる。ココにおいて「説明・表現・技術」は、アプローチする側がアプローチされる「対象」の外側にあり、アプローチする側が、「対象」を、未だ、代弁できていない場合に、代弁するコトを意図してなされる手続きの一つとして存在する。「アプローチする側にとっての」というコトを手掛かりに、もう少し奥に入ると、まずは、①アプローチする「主体」にとって「対象」を代弁できていないという状態のトキに、というコトであり、続いて、②「対象」が、アプローチする「主体」にとって、どのようなモノ（コト）としてあるのかというコトについて、③何らかの関係で「対象」を規定していると、アプローチする「主体」が思いついたモノ（コト）を介した何らかの手続きによって、④アプローチする「主体」が、「対象」を、アプローチする「主体」にとっての既理解事項とし、⑤ソレを、「対象」を代弁するモノとするコトを目的として、アプローチする「主体」によって為されるコト、となる。というコトは、ソレを一歩進めて、アプローチされる「対象」にとっての「説明・表現・技術」とは、というところにまで行くと、ココでの「問い」についての考察は大きく飛躍する。さらに、それらのコトの前提としてある、「説明・表現・技術」を要しない「単なる事実のレベルで留まっているモノ」との関係での「説明・表現・技術」の「位置」についてまで考察を深めるコトが出来れば、「条件の付着した場面」とは独立したモノとして存在している「説明・表現・技術」が、「アプローチする側にとっての」という「条件の付着した場面」でどのようなコトになっているのかが、一層鮮明なモノとなる。

「説明・表現・技術」は「社会保障法」とは独立的な
モノとして存在しないのか

　切り取ったアル時点での「説明・表現・技術」は、まずは、個別の具体的な「社会保障に関する法的な諸現象」について為されるコトになる。ソコでの「説明・表現・技術」は、手掛かりとして、「何らかのモノ」を使用するコトになる。ほぼ、ソレと同時に、それらを反映した[「抽象的」な「社会保障法」]が現象し、ソレを手掛かりに「社会保障に関する法的な諸現象」が「説明・表現・技術」されるコトになる。ソノ結果が、次なる「社会保障に関する法的な諸現象」として生成し、直後に、[「抽象的」な「社会保障法」]の像として現象する。先ほど、「何らかのモノ」という具合に表現したモノは、[「抽象的」な「社会保障法」]としてもよかったのであるが、順を追っての説明に、いきなり、[「抽象的」な「社会保障法」]を登場させるのも誤解を招くと思い、「何らかのモノ」と表現した。為されている「説明・表現・技術」は、このように継続した重層的なモノとしてあり、探求する側が、自分勝手に、ソレを自分の領域に取り込むコトは不可能である。従って、「説明・表現・技術」は、自身の意図とは独立した強固なモノとしてある、というように感じられる。まてよ。逆なのではないか。「手順を踏まずになされたように見えるコト」に対してでさえ、何らかのコトに依拠して「説明・表現・技術」されているはずだ、と、探りを入れたくなったりする。コノコトは、多分、ソレ自体としては「条件の付着した場面」とは独立的な存在としてあるという、そのような「説明・表現・技術」の基幹的なコトと関係しているのであろう。例えば、「抽象的」な「社会保障法」というような、そのような「条件の付着した場面」であっても、ソノ「条件」を内に取り込むような手法で、「説明・表現・技術」はソノ独立性を維持する。

アプローチされる「社会保障法」と 「説明・表現・技術」する探究者

　「説明・表現・技術」を媒介にした場合、アプローチされる「社会保障法」と探究者はどのような位置関係にあるのであろうか。コノ場合の「説明・表現・技術」は、探求者が行う「行為」として存在しているが、ソレが、①[「社会保障法」についてのアプローチに使用される]というコトであっても、必ずしも、ソレが、②[アプローチされる「社会保障法」についての「説明・表現・技術」]とは限らない。ココでの「説明・表現・技術」というモノの位置は、アプローチされる「社会保障法」というより、むしろ、探究者に近いモノとして、意識的に設定してある。どういうコトかといえば、探究する側が為す「説明・表現・技術」というモノが、アプローチされる「社会保障法」にとってどのような位置にあるのかというコトが、ココでの「説明・表現・技術」にとっては、とりあえず、大切なコトとなっているのである。「抽象的」な「社会保障法」についての理解があまりにも多様であるコトから、もし、[アプローチされる「社会保障法」についての「説明・表現・技術」]としてしまうと、結果的に、法的独自性を有する「社会保障法」の「説明・表現・技術」の幅は無限に広がるコトになる。ソノコトを意識するなら、「説明・表現・技術」というモノが、ソレ自体としては、まずは、独立的なモノとしてあり、ソノ独立的なモノと関係を結ぶ「何か」がどのようなコトになっているのかというコトに近づかなければならない。というコトは、①独立性を維持する「説明・表現・技術」のソノ独立性を利用して、②「具体的」な「社会保障関係法」と、ソレとの関係で存在している「抽象的」な「社会保障法」の構造的相互関係に探究者がアプローチ出来るのかが、鍵を握っている、というコトになる。

6
・
2
・
Ⅳ

アプローチされる「社会保障法」の変容と「説明・表現・技術」する探究者
——静態的位置関係から相互規定的動態的関係へ

　先ほど述べたコトは、とりあえずというコトで切り取った「アル時点」での位置関係というモノに近いモノであった。つまり、まずは、「アル時点」でのコトを想定して、静態的な位置関係として表現し、そして、ソノ時点以降に生じるであろうコトについて述べた。次に為さなければならないコトは、静態的位置関係から相互規定的動態的関係へというコトについての移行である。では、なぜ、静態的位置関係から相互規定的動態的関係への移行なのだろうか。ソレは、アプローチされる「社会保障法」自体が変容しているからである。研究者の行う「社会保障関係の法現象」についての「説明・表現・技術」は、実は、変容する「社会保障法」を基盤として為されているのである。法的独自性を有する「社会保障法」が、「社会保障関係の法現象」の生成を反映したモノであるコトから、探究者によって実際になされる「説明・表現・技術」は、如何にもがいても、相互規定的に変容する「社会保障関係の法現象」と、相互規定的に変容する「社会保障法」から逃れるコトは出来ないのである。「説明・表現・技術」というモノが、「条件の付着した場面」とは独立的な存在としてあるからといって、コノコトは避けられない。すなわち、私たちの行っている探究は、アプローチされる「社会保障法」の外側の固定的な位置からのモノではなく、先ほど述べたようなシステムに内包されたモノとしてあり、変容を繰り返すトータルなモノの中に位置しているモノなのである。現時点で、「社会保障関係の法現象」を経験している研究者が、ソノコトについて、現在の「社会保障法」的な「説明・表現・技術」を実施する場合、「実施しているソノコト自体」が、システムに内包されたモノとしてあるのである。

6
・
2
・
V

変容する「社会保障法」と「説明・表現・技術」 する探究者——相互規定的動態的関係 ——（テーマの設定と扱う項目）

テーマの設定

アプローチされる「対象」が変容する「社会保障法」であるコトから、為さなければならないコトは、「説明・表現・技術」を媒介にした場合、アプローチされるコトになる変容する「社会保障法」と探究者はどのような位置関係にあるのであろうか、という「問い」に関しての考察である。まずは、相互規定的動態的関係というコトについて理解する。そして、アプローチされる「社会保障法」について、ソレが変容しているというコトについて理解し、その後、探究している私たち自身が、変容しているシステムの中で、当然のように変容しているコトになるコト、さらには、「説明・表現・技術」する探究者が、アプローチの「対象」としての「社会保障法」が変容しているというコトと、どのような位置的関係にあるのかというコトについて考える。

この章で扱う項目

I　アプローチされる「社会保障法」と「説明・表現・技術」する探究者の相互規定的動態的関係

II　「社会保障関係の法現象」が変容するコトと「社会保障法」が変容するコト

III　気が付かないかもしれないが、「説明・表現・技術」する探究者は変容している

IV　アプローチされる「社会保障法」の変容と「説明・表現・技術」する探究者

V　［システムとしてある「社会保障法」］とソレを「説明・表現・技術」する探究者

6・3

アプローチされる「社会保障法」と 「説明・表現・技術」する探究者の相互規定的動態的関係

　今から50年前、20歳だった一人の〈ABさん〉は、〈Aさん〉、〈Bさん〉の二人に分離した。〈Aさん〉としてのあなたは、50年前の世界で時間が止まってしまった。そして、もう一人のあなた〈Bさん〉は、ソノママ時間が過ぎていって、今、70歳でココにいる。二人に分離した〈Aさん〉と〈Bさん〉が50年ぶりに再会したのだ。〈Aさん〉は50年後に瞬間移動したのだ。〈Aさん〉も〈Bさん〉も、一人だった〈ABさん〉の時に、国民皆保険は経験している。ただし、「介護保険法」を経験しているのは〈Bさん〉としてのあなただけである。〈Aさん〉としてのあなたが経験していないコトを、〈Bさん〉としてのあなたは経験している。〈Aさん〉としてのあなたに、〈Bさん〉としてのあなたが「社会保障法」について「説明・表現・技術」し始める。チョット面白い光景だが、似たようなコトは、一人ででも可能だ。〈Aさん〉としてのあなたは、高度経済成長を瞬間移動してくる少し前に経験しており、その経験を踏まえて、「社会保障関係法」について「説明・表現・技術」してしまう。〈Bさん〉としてのあなたは、〈Aさん〉としてのあなたに、進んでいる超高齢社会を目の当たりにして、「社会保障関係法」について「説明・表現・技術」している。〈Aさん〉としてのあなたが経験していない状態を、〈Bさん〉としてのあなたは経験している。〈Aさん〉としてのあなたが為す「説明・表現・技術」は、〈Bさん〉としてのあなたが為す「説明・表現・技術」と同じだろうか。生じている「法的諸現象」を反映してアプローチされる「社会保障法」も変容している。そのような「説明・表現・技術」する〈Aさん〉としてのあなたと〈Bさん〉としてのあなたは、自分達も変容しており、「対象」との相互規定的動態的関係にあるコトを実感する。

6・3・I

「社会保障関係の法現象」が変容するコトと 「社会保障法」が変容するコト

「社会保障関係の法現象」と「社会保障法」とは、相互規定的で動態的な関係にある。「社会保障関係の法現象」は変容し、「社会保障法」も変容する。「傷病」が、「私的なコト」から「社会的コト」へと変容する「姿」は、例えば、[「意思」の「ありよう」]や[「責任」の「ありよう」]という「場」を設定した場合に、「社会保障関係の法現象」の変容と「社会保障法」の変容として「説明・表現・技術」するコトができる。制定当初の健保法は、強制被保険者を「工場法ノ適用ヲ受クル工場又ハ鉱業法ノ適用ヲ受クル事業場若ハ工場ニ使用セラルル者」とし、臨時に使用される者や年収1200円を超える職員は除いていた。その後、健保法は、「強制被保険者」を拡大し、併行して、職員健康保険法、船員保険法が制定され、「強制」的に被保険者とされる人々は拡大していった。その後、国民健康保険法（1938年、法60）の制定によって、医療の給付を受ける対象者は非労働者層にまで拡大された。コノ過程は、限定的であった強制被保険者の枠が拡大したコトであるから、「任意性」を排除する形で制度は拡大していったというコトになる。さらには、「私的な責任」から「社会的責任」への移行というコトになる。戦後は、いわゆる「国民皆保険体制」が達成され、さらには、生活保護による医療の給付や社会福祉制度による医療の給付も存在するに至っている。「傷病」を巡るこのような過程は、「私的な責任」から「社会的責任」への移行というコトになるし、「任意性」から「強制性」への移行というコトになる。「社会保障関係の法現象」と「社会保障法」の、このような相互規定的動態的関係は継続的なシステムとしてあり、観察している私たち自身もソレに内包されているのである。

6・3・Ⅱ

気が付かないかもしれないが、「説明・表現・技術」する探究者は変容している

　歴史的な幾つかの時点を切り取り、ソレを外側から見るという、先ほどのような形での表現は、よく見られるモノである。この方法によれば、変容している「対象」は、探究する側が外側から見ているように描かれるコトになる。では、探究し、「説明・表現・技術」する側は、「対象」の外側にいるのだろうか。みなさん達の日常がそうであるように、みなさんたちは変容している社会を構成している一員なのである。というコトから、社会保障についてのみなさん達の「説明・表現・技術」が、場合によっては、具体的な「社会保障関係法」の「姿」に反映されるコトもあるのである。そして、そのような「諸々の法現象」が、抽象的な「社会保障法」の「姿」となって現象するのである。というコトから、探究者であるみなさん達も、幾つかの意味で、変容しているコトになる。まずは、①みなさんたちは、歴史的に変容している様々なコトを見ており、ソノコトとの関係で、みなさん達も変容している。ココでの表現は、外側でのコトに「影響を受けている」というモノに近いかもしれない。しかし、もう少し掘り下げて表現すると、実は、②時間の経過とともに変容している様々なコトの中に、みなさん達の変容も内包されているというコトになるのである。ひょっとしたら、「説明・表現・技術」する探究者である皆さんは、自分達が「説明・表現・技術」している「対象」の外側にいると感じているかもしれないが、しかし、そうではない。コノコトは、帰属している様々な形での社会とみなさん達の関係でも、全く同様である。地縁や血縁、そして、会社等、様々な社会にみなさんたちは帰属している。そして、それらは時間の経過とともに変容している。みなさんたちは、そのような変容している社会の内側に居るのである。

アプローチされる「社会保障法」の変容と
「説明・表現・技術」する探究者

　時間の経過とともに、改廃等を重ね「社会保障関係法」は変容する。ソノコトとの関係で「社会保障法」も変容する。それらのコトについて「説明・表現・技術」する探究者も、同時に変容しているのだが、歩調を、全く同じくしている訳ではない。表現を少し変えると、「ソノ人」は、実際には、「A という社会」に帰属しているのであるけれども、「ソノ人」の意識は「A という社会」の外側にいるようになっている、というようなコトなのかもしれない。しかし、実際は、「外側にいるようになっている」という形での内包された状態である。コレは、家族の外側にいるような形で、「しつけはどうなってるのだ」と配偶者に当たっている「一生懸命働いているお父さんの世界」ではよく見られる（大いに反省！！）。「家族の皆さんのためにやっている」と称していながら、自分は、「ソノみなさんが構成している社会」の外側の人なのである（再び、大いに反省！！）。では、アプローチされる「社会保障法」が変容してゆく過程で、ソノ「社会保障法」と探究者は、「説明・表現・技術」を介してどのような関係にあるのだろう。コノコトが、少し前に述べた「相互規定的動態的関係」というコトになる。以前にも述べたが、私たちの為している探究は、切り取ったある時点でのコトを、ソノ切り取られたコトの外側から観察して為しているように描かれる。従って、一見したところ、変容を観察しているように見える歴史研究の場合においても、ソレは、先ほど述べた切り取った幾つかの部分をつなぎ合わせるというようなモノで、ソコでなされる「説明・表現・技術」も、結果的には、静態的なモノとなってしまう。「説明・表現・技術」を試みる探究者自身が、変容しているトータルなコトの中に帰属しているコトをどのように表現に生かすか、コレがとても難しい作業である。

［システムとしてある「社会保障法」］とソレを「説明・表現・技術」する探究者

　［システムとしてある「社会保障法」］については、まずは、「社会保障法」の有する法的独自性について確認的に理解しておかなければならない。そして、ココでは、さらに、ソノコトと「システムとして」というコトを重ね合わせるようにして理解しなければならない。例として［「傷病」という「出来事」］を採り上げてみよう。図式的には、①［自らを「説明・表現・技術」する機能］が内包されている、そのような［システムとしての「近代市民法」］がある。ココでの「説明・表現・技術」は、当事者を拘束するモノとしての［「自由」を前提にした「合意」］を基盤としてなされる。その後、②ソレから見た場合に、ソレとは相いれない（特殊な）「説明・表現・技術」によって支えられた具体的な法的諸現象が登場するコトになるが、ココに見るコトが出来るモノは、当事者を拘束するモノとしての［「自由」を排除した「強制」］にまつわる「説明・表現・技術」というモノである。ただし、コレは、個別法というような極めて限定的なレベルでの現象である。ソノ後、③それらに見られる特殊性を、共通したモノとして備えた個別のモノが数次にわたり生成するという歴史的過程を経て、④そのような個々のモノに見られる（特殊な）「説明・表現・技術」に共通してみられるモノを、共通の普遍的な「説明・表現・技術」として内包しているようなソレが、［システムとしてある「社会保障法」］に内包される「説明・表現・技術」というコトになる。コノ場合、ソレについて「説明・表現・技術」する探究者は、当然のコトであるが、システムを外側から探究して「説明・表現・技術」いるのではなく、システムを構成している一部分としてシステム内にいるのである。

6
・
3
・
Ⅴ

テーマの設定

　先ほど見た「システムとして」というコトを念頭に置くと、「説明・表現・技術」は、複雑な位置を占めるコトとなりそうであるが、実は、そうでもない。むしろ大変なのは、ソレをどのように表現するかである。混乱しないように、まずは、[探究する私たちにとっての「説明・表現・技術」（というモノ）] と [「社会保障法」に内在する「社会保障法」の「説明・表現・技術」] が存在しているコトから入って、最終的には、[「統合された一つのモノ」としてあるコト] において、[探究する私たちの「位置」] はどのようなモノなのか、というところに辿り着かなければならない。

　　この章で扱う項目
　Ⅰ　[探究する私たちにとっての「説明・表現・技術」（というモノ）] と [「社会保障法」に内在する「社会保障法」の「説明・表現・技術」] の存在
　Ⅱ　[探究する私たちにとっての「説明・表現・技術」（というモノ）] と [「社会保障法」に内在する「社会保障法」の「説明・表現・技術」] の関係
　Ⅲ　「説明・表現・技術」における「個々の承認というコト」と「観察者の態度」
　Ⅳ　[「統合された一つのモノ」としてあるコト] についての「観察者の態度」
　Ⅴ　[「統合された一つのモノ」としてあるコト] において、[探究する私たちの「位置」] はどのようなモノなのか

**6
・
4**

［探究する私たちにとっての「説明・表現・技術」
（というモノ）］と［「社会保障法」に内在する
「社会保障法」の「説明・表現・技術」］の存在

　「説明・表現・技術」（というモノ）は、まずは、①「社会保障法」を
［探究する私たちにとっての「説明・表現・技術」］という「形」で存在
するが、ソレと同時に、②［「社会保障法」に内在する「社会保障法」
の「説明・表現・技術」］という「形」ででも存在している。実際にな
されている研究の多くは、前者のようなモノを基盤としている。「社会
保障法」的には「コレ」をどのように「説明・表現・技術」するのだろ
うという具合に入り込んで、あたかも、［「社会保障法」に内在する「社
会保障法」の「説明・表現・技術」］に光を当てているように見えるモ
ノであっても、結論的には、ソレについて、［探究する私たちにとって
の「説明・表現・技術」］として表現されてしまうコトが多い。そう
なってしまうのは、「社会保障法」を「説明・表現・技術」する機能
が、「社会保障法」自体の中にあり、ソレは、探究する側の思惑からは
独立したシステムとして存在しているモノであるというコトについての
認識が欠落しているからである。すなわち、ココでいう［「社会保障法」
に内在する「社会保障法」の「説明・表現・技術」］とは、ソレの外側
から、例えば、「社会保障法」は「社会保障法」をどのように「説明・
表現・技術」しているのかというように観察できる固定的なモノではな
いのである。時間の経過とともに継続的に生じているコトを、ある時点
で切り取るとして、①ソノ何らかの時点での「説明・表現・技術」とい
うモノがあり、②まさに、ソレとの関係で、何らかの「説明・表現・技
術」機能が働くという、そのような連続的な機能を内包する［［システ
ム」としての「社会保障法」］があり、③そのような「社会保障法」
に、［「社会保障法」の「説明・表現・技術」］は内在している、という
コトになる。

6
・
4
・
I

［探究する私たちにとっての「説明・表現・技術」 （というモノ）］と［「社会保障法」に内在する 「社会保障法」の「説明・表現・技術」］の関係

　先程みた「二つのモノ」は、一体、どのような関係にあるのであろうか。重要なコトは、①アプローチの「対象」となっている「社会保障法」が、ソモソモ、「説明・表現・技術」内在的な［「システム」としての「社会保障法」］として存在しているというコトであり、②ソノ場合の「システム」というモノは、ソレ自体が、［「説明・表現・技術」内在的なモノ］としてある、というコトである。従って、①と②との関係は、②が基盤として存在し、ソレの具体的な一つの「形」として①がある、というモノとして存在しているコトになる。探究する人たちに任されたように感じられる［探究する私たちにとっての「説明・表現・技術」］ではあるが、①と②との関係がそのようなモノであるので、［探究する私たちにとっての「説明・表現・技術」］というモノ、ソレ自体が、探究する「対象」としての「社会保障法」というモノに規定されたモノとしてあるというコトになる。［探究する私たちにとっての「説明・表現・技術」］が、そのように、「社会保障法」に規定されたモノとしてあるというコトから、［探究する私たちにとっての「説明・表現・技術」］は、［「説明・表現・技術」を内包するモノ］としてある［「システム」としての「社会保障法」］というモノの「姿」の一つの部分というコトもできる。①と②は、相互に独立した互いに緊張関係にある存在のように見えるかもしれないが、実は、そうではなく、②が①を包み込むような関係にあるのである。一見したところ、探究する側の方法に任されたように感じる「説明・表現・技術」であっても、ソレは、トータルな［「システム」としての「社会保障法」］というモノの「姿」の一つの部分なのである。

6
・
4
・
II

「説明・表現・技術」における「個々の承認というコト」と「観察者の態度」

　多くの研究者にとっては、トータルな［「システム」としての「社会保障法」］の承認以前に、まずは、［探究する私たちにとっての「説明・表現・技術」（というモノ）］と［「社会保障法」に内在する「社会保障法」の「説明・表現・技術」］を、「個々的に承認するというコト」が生じる。「社会保障法」を観察している研究者は、「説明・表現・技術」というモノが、「対象」を観察している人々（研究者）に専有されたモノと考えているから、［探究する私たちにとっての「説明・表現・技術」］というコトについては承認するものの、［「社会保障法」に内在する「社会保障法」の「説明・表現・技術」］については、ソモソモ、発想すらない。コノ場合、「説明・表現・技術」は、もっぱら、「説明・表現・技術」の為される時点での、定点的「状態」に関して、「法律」、「施行令」、「施行規則」、「通知」という具合に、階層化しているモノの中に存在している別の言葉を使って表現されたモノを介して、「説明・表現・技術」としているだけである。ソノ結果、「何らかのモノ」が「説明・表現・技術」として為されるコトになるが、このような立場から表現されたモノは、静態的なモノとなってしまう。このように、実際に為されているコトの多くは、常に変容している［「対象」に内在している「説明・表現・技術」］を手掛かりとした「社会保障法」へのアプローチではなく、停止させた「対象」についての、観察する私たちにとっての「説明・表現・技術」を手掛かりとしたアプローチである。「説明・表現・技術」というコトに関して「観察者」が為さなければならないコトは、「観察者」としての自分が為している「観察」が、「対象」が有している［「対象」に内在している「説明・表現・技術」］の内容物の一部としてある、というコトの承認である。

6・4・Ⅲ

［「統合された一つのモノ」としてあるコト］
についての「観察者の態度」

　研究者は、①［探究する私たちにとっての「説明・表現・技術」］
と、②［「社会保障法」に内在する「社会保障法」の「説明・表現・技
術」］が、一つの「トータルなシステム」としてあるコトについて気が
付いていない。研究者がそのようになってしまうのは、②についての発
想が欠落しているからである。①と②については、①と②が、それぞれに
相互規定しあったモノとして、結果として、②のように表現できる状態
になっているというコトであり、さらには、ソノ②が、実際には、①を
も包み込んだモノとしてあるのである。すなわち、探究している「私た
ち」も、「描かれている鳥瞰図」の中に「位置」を有しているのであ
る。従って、［探究する私たちにとっての「説明・表現・技術」］が「対
象」としているモノは、②のように表現されているモノについての、ア
ル時点での観察結果の一部分である。それにもかかわらず、ソレのコト
を、研究者は、①のようなモノとして静態的に表現しているのである。
切り取ったソノ時点での「姿」は、確かに、静態的に見えるが、実際に
は、常に生じている現実の「社会保障関係の諸々の法現象」との関係
で、②も常に変容しているコトから、このような動態を表現するため
に、ココでは「トータルなシステム」という具合に表現しているのであ
る。ただし、相互に規定しあって変容しているモノについても、さらに
は、「トータルなシステム」としてこのようになっていると表現する場
合であっても、「説明・表現・技術」というモノ、ソレ自体は、①と②
のように表現されたコトとは独立した存在である。そのような「動態」
のコトを「ことば」を使用して表現しなければならないコトから、どう
しても、①と②が固定された静態的なモノのように表現されてしまうコ
トになるのである。

6
・
4
・
Ⅳ

［「統合された一つのモノ」としてあるコト］において、 ［探究する私たちの「位置」］はどのようなモノなのか

　［探究する私たちにとっての「説明・表現・技術」］と［［「社会保障法」に内在する「社会保障法」の「説明・表現・技術」］］は、「統合された一つのモノ」としてある。では、ソノコトにおいて、［探究する私たちの「位置」］はどのようなモノなのなのであろうか。「探究する私たち」を基点として、順次説明してみよう。まず、①探究する私たちが、「説明・表現・技術」するコトになる現実の「社会保障関係の諸々の法現象」を観察しているという意味で、私たちの「位置」は、現実の「社会保障関係の諸々の法現象」に対峙しているように描かれる。②ソノ結果として、私たちは、抽象的な「社会保障法」についての「説明・表現・技術」を手に入れるが、コノ「社会保障法」が、実際には、常に生じている現実の「社会保障関係の諸々の法現象」の変容を反映したモノとしてあるコトから、抽象化された「社会保障法」も常に変容しているコトになる。③従って、探究する私たち自体が、そのような常に変容している「対象」との関係の下で、観察や働きかけ等を実施しているコトになるが、ソレが、現実の「社会保障関係の諸々の法現象」に反映され、「観察対象」に具現化し、さらには、抽象化された「社会保障法」にも反映されるコトになる。④生じているコレは、「順序」として、必ずしも、「探究する私たち」を基点としてスタートするモノではないコトから、現実の「社会保障関係の諸々の法現象」からスタートした説明も、もちろん可能である。⑤そのようなコトから、述べてきた全体的な関係を鳥瞰図的に描けば、「統合された一つのモノ」という具合になるわけであるが、探究している「私たち」も、もちろん、ソノ「描かれている鳥瞰図」の中に「位置」を有しているのである。

「説明・表現・技術」を手掛かりにして「社会保障法」を表現する──(テーマの設定と扱う項目)

テーマの設定

例えば、「傷病」という出来ごとについて、歴史的なアル時点で、「近代市民法」的な対応の仕方と対比した場合に、極めて特殊な対応の仕方をするモノが現象化するコトになる。ソノ特殊なモノは、ソノ後の法的諸現象の繰り返しの過程において、特殊なモノとしてとどまらずに、ソレを独自の普遍的な法的性格として有している「抽象的なモノ」としての「社会保障法」を現象させるコトになる。このようなコトから、「社会保障法」についての「説明」には、前提として、「社会保障関係法」の生成過程等などについての「理解」が不可欠である。ココでは、「社会保障関係法」に関係しそうな「事柄」についての、実際になされた具体的な「説明・表現・技術」を、「現代」と「戦前・戦時体制下」の議事録という形で併置しておく。

この章で扱う項目

Ⅰ 「少子化」を巡る「説明・表現・技術」を手掛かりにして「社会保障法」を表現する

Ⅱ 「児童虐待」を巡る「説明・表現・技術」を手掛かりにして「社会保障法」を表現する

Ⅲ 「健康」を巡る「説明・表現・技術」を手掛かりにして「社会保障法」を表現する

Ⅳ 「貧困」を巡る「説明・表現・技術」を手掛かりにして「社会保障法」を表現する

Ⅴ 「公」と「私」を巡る「説明・表現・技術」を手掛かりにして「社会保障法」を表現する

「少子化」を巡る「説明・表現・技術」を手掛かりにして「社会保障法」を表現する

〈「現代」・議事録〉　「この少子化の問題というのは、よく経済財政に結びつけて語られることが多いと思います。また、経済政策、産業政策、あるいはまた社会保障政策。しかし、そうした課題、問題との関係だけではなくて、これはもう社会全般にとって、子供の数が減っていって人口が減少している、社会を支える基盤そのものに対して極めて大きな影響が出てくる、このように思うところでございます。そうした認識のもとに、我々は少子化を考えていかなければならない……（中略）……まさに、これは少子化問題、子供は国の宝であり、子供を生み育てていく方々、家族を支援していくこと、また家族のよさを我々はしっかりと認識をしていかなければならないと思います。」（安倍内閣総理大臣（当時）発言）（［004／011］166－衆－予算委員会－14号平成19年02月23日）（国会会議録検索システム2016年12月24日アクセス）。

〈「戦前・戦時体制下」・議事録〉　「優良ナル所ノ結婚ヲ大イニ奨励シ、斯クアラシムル爲ニ何等カ表彰ヲシテハ如何デアルカ、國家ニ於テ、或ハ地方自治體ニ於テ、近代ハ先程申上ゲマスル如ク、生活難ヨリ致シマシテ婚期ガ後レテ参ル、謂ワレナクシテ獨身デ長ク生活ヲスル者モ數々アル……（中略）……眞ニ日本國民大使命ノ達成ト結婚、人口増殖ト云フコトハ如何ニ重大ナル問題デアルカト云フコト、又青年男女ニ對シマシテ結婚ノ知識ト之ガ準備トニ付キマシテ、一段ノ教育ヲ進メル」（男爵浅田良逸氏発言）（『官報號外　第七十三囘帝國議會　貴族院議事速記録第五號』國務大臣ノ演説ニ關スル件　昭13年1月28日79ページ）。

6·5·I

「児童虐待」を巡る「説明・表現・技術」を
手掛かりにして「社会保障法」を表現する

〈「現代」「児童虐待の防止等に関する法律」(平成 12 年・法律 82 号) 議事録〉 「近年、我が国においては、親など保護者による児童虐待事件が多発し、児童の心身の成長及び人格の形成に重大な影響を与えるなど深刻な社会問題となっております。本案は、本問題の早期解決の緊急性にかんがみ、児童に対する虐待の禁止、児童虐待の防止に関する国及び地方公共団体の責務、児童虐待を受けた児童の保護のための措置等を定め、児童虐待の防止等に関する施策の促進を図ろうとするものであります」(富田茂之発言)([006 / 008] 147 - 衆 - 本会議 - 33 号平成 12 年 05 月 12 日)(国会会議録検索システム 2016 年 12 月 12 日アクセス)。

〈「戦前・戦時体制下」「兒童虐待防止法」(昭和 8 年・法律 40 號) 議事録〉 「近時我國ノ事情ヲ見マスルニ、兒童ニ對シマスル各種ノ虐待事實ハ、往々ニシテ社會ノ耳目ヲ聳動セシメツツアルモノガアリマスルシ、兒童ノ心身發達ノ上ニ甚シキ弊害ヲ伴フ虞ノアリマス特殊ノ業務等ニ、兒童ヲ使用イタシマスルノ事實モ亦少ナカラズ見聞イタスノデアリマス……(中略) ……國家ノ將來ニ償ヒ難キ損失ヲ與ヘツツアルコトハ、誠ニ想像ニ難クナイヤウナ次第デアリマス、殊ニ近時財界ノ不況ニ伴ヒマシテ、兒童ニ對スル此種ノ虐待ハ一層增加ヲ致シマスルシ、其性質モ亦著シク苛酷ヲ加フルノ傾向ニアルノデアリマス……(中略) ……今囘特ニ兒童ノ虐待防止ノ爲ニ法規ヲ制定スルノ急務ナルコトヲ思ヒマシテ」(政府委員 丹羽七郎 (當時) 發言)(『第六十四囘帝國議會 貴族院兒童虐待防止法案特別委員會議事速記錄第一號』昭和 8 年 3 月 22 日 1 ページ)。

「健康」を巡る「説明・表現・技術」を
手掛かりにして「社会保障法」を表現する

〈「現代」・議事録〉　「健康とは、一人一人が生涯にわたり心身共に健やかな状態で、社会参加をしながら生きがいを持って生活できることと考えています。このためには、健康な状態で生活できる期間である健康寿命を延ばしていくとともに、介護等が必要な状態になっても尊厳を持って最後までその人らしく生活できるようにすることが重要であります。御指摘のように、人々の健康は、健康な社会の基盤となるものであり、健全な社会の基盤となるものであり、国内外を問わず、どのような社会においてもその実現が重要であると考えております」（内閣総理大臣

安倍晋三氏（当時）発言）（［001 ／ 004］189 －参－予算委員会－ 20 号平成 27 年 08 月 24 日）（国会会議録検索システム 2016 年 12 月 24 日アクセス）。

〈「戦前・戦時体制下」・議事録〉　「此ノ事變ヲ通ジマシテ、特ニ先刻モ御説明ヲ申上ゲマシタ通リニ、色々ナ國民ノ健康、或ハ人口ノ質ノ問題等ニ付テ憂慮スベキ狀態ガ顯著ニ現レルト同時ニ、國民ノ全的ナ活動ヲ要スルト云フコトノ上カラ、斯様ナ施設ノ必要ト云フコトガ更ニ一層痛切ニ感ゼラレル次第デアルノデアリマスルシ……（中略）……我ガ國ノ國民ノ健康狀態竝ニ人口減少ノ上ニ現レマシタ種々ノ憂慮スベキ狀態等ニ鑑ミマシテ、恆久的ナ施設ト致シマシテ國民體力ノ向上ヲ圖ル、健康ヲ增進スル、人口ノ質ヲ改善ヲスルト、左様ナ大キナ日本國家ノ持ツ永遠ノ目的ノ一ツヲ達成致シマスル爲ニ立案セラレマシタ」（國務大臣

吉田茂氏（当時）発言）（『第七十五回帝國議會　貴族院國民體力管理法案特別委員會議事速記録第一號』昭和 15 年 3 月 2 日 2 ページ）。

「貧困」を巡る「説明・表現・技術」を
手掛かりにして「社会保障法」を表現する

〈「現代」・議事録〉　　「格差や貧困の問題は、一時しのぎの、現金を
ただばらまくだけでは解決しません。頑張れば報われる、失敗してでも
何度でも挑戦できる、そして誰にでもチャンスが満ちあふれる社会を、
皆さん、つくっていこうではありませんか。……（中略）……格差が固
定しないと同時に、誰もが何度でもチャンスがあるということが重要で
あり、頑張る人は報われる社会をつくっていかなければなりません。ま
た、弱い立場に置かれた方々には、自助自立を第一としつつ、共助と公
助を組み合わせて、しっかりと援助の手を差し伸べていかなければなり
ません」（内閣総理大臣　安倍晋三氏（当時）発言）（［019／023］186－衆－
本会議－2号平成26年01月28日）（国会会議録検索システム2016年12月25
日アクセス）。

〈「戦前・戦時体制下」・議事録〉　　「古來ノ美風タル家族制度及隣保
相扶ノ情誼ガ存シテ居ルノデゴザイマス、本法案ハ實ニ是等ノ醇風美俗
ヲ尊重イタシマスルト共ニ、更ニ進ンデ現在社會ノ實情ニ適應セル制度
ヲ確立シ、其及バザルヲ補フテ」（政府委員　秋田清氏（当時）発言）（『第
五十六回帝國議會　貴族院議事速記録第三十號』　救護法案　第一讀會　昭和4
年3月19日916ページ）。
　「家族制度若クハ隣保相助ト云フ美風ガゴザリマセルノデ、本法ノ救
助ヲ與ヘマスルモノハ、家族制度ニ依ッテモ救助出來ズ、隣保相助ニ
依ッテモ救助出來ズ、即不具廢疾者等ガ家族モナク、又近隣ノ救助モ受
ケラレナイ、萬已ムヲ得ザル者ニ限ッテ救助ヲ與ヘルト云フ趣旨」（政
府委員　長岡隆一氏（当時）発言）（同前917ページ）。

6・5・Ⅳ

「公」と「私」を巡る「説明・表現・技術」を手掛かりにして「社会保障法」を表現する

〈「現代」・議事録〉　「そこで、新しい公共という考え方ですと、若干違和感を感じるのは、まさに新しくいきなりそういう考え方が出てきて、そういうNPOであれ、さまざまな団体が出てきたかといえば、そもそも日本には地域地域にそういう助け合いの組織があったわけでございまして、その地域地域の助け合いがまさに公共を担っているということではないだろうか、こう思うわけでございます。例えば消防団一つとっても、これはまさに地域の若者が、本来であれば、東京であれば考えられないわけでございますが、消防署がやる仕事を地域の若者たちがやっているということでございますから、それはそもそもあったんだろうと」［008／009］183－衆－予算委員会－21号平成25年04月09日）（安倍内閣総理大臣（当時）発言）（国会会議録検索システム2016年12月26日アクセス）。

〈「戦前・戦時体制下」・議事録〉　「警防團ハ今回ノ規定ニ依リマシテ、今後或ル時期ガ來レバ義勇隊ノ中ニ完全ニ融ケ込ンデ解消シテ、各々特色ヲ發揮シ得ルヤウニナルベキモノデアリマス、ソコデ戰闘隊ト致シマシテハ、此ノ義勇隊ヲ其ノ儘使フノデアリマス、若シ警防團的ナ、マア消防トカ、サウ云フヤウナコトニ使ヒタケレバ、サウ云フ小隊ヲ平時作ッテ置イテ、サウシテ消防小隊トシテ其ノ儘使フト云フコトニナリマス、併シナガラ敵ノ上陸ヲ豫期スルヤウナ所デサウ云フ事態ニナリマスルト、場合ニ依ッテハ對敵抗戰ノ重要ナ所モアリマス」（政府委員　那須義雄氏（当時）発言）（『第八十七回帝國議會　貴族院義勇兵役法案特別委員會議事速記録第一號』昭和20年6月10日3ページ）。

6
·
5
·
V

「説明・表現・技術」を手掛かりにした「社会保障法」へのアプローチのための補足テーマ

「説明・表現・技術」の揺らぎを見るコトの大切さ

　「説明・表現・技術」の揺らぎを見るコトが出来るのは、例えば、戦争に突入した時であるとか、戦争が終わって新しい時代に入ったというような、急激な変化が生じたトキである。ソコでの発言は、現代の私たちが「説明・表現・技術」するのとはずいぶん異なる「姿」を見せてくれる。コレについては、単純に批判できるようなモノとしてではなく、発言者が、揺らぎをソノママにして、「説明・表現・技術」したいコトを一生懸命表現しようとしている「姿」を感じ取るコトも大切である。さらには、現代の私たちから見た場合、何故、ソレが揺らぎとして見えるのか、について考えるコトも大切である。そのような「姿」の一例として、太平洋戦争の終戦直後の「身体障害者福祉法」に係る発言を挙げておこう。

〈戦争と身体障害を巡る発言〉

　「……（前略）……戦争犠牲者たる旧軍人軍属などに対して、特別の恩典を與えよと説くのではございません。また昭和二十年勅令第五四二号、ポツダム宣言の受諾に伴い発生せられた恩給法の特例を撤廃せよと言うのではないのでございます。何となれば、かかることは連合軍または國民一般が考えているように、戦争再発の温床となり得る公算があるからでございます。しかしながら旧軍人軍属などは多く召集によつて出征したものであり、かつ國のため唯一の生命を捨て、とり返しのつかない災害をこうむつたのであります。公務のために殉じたことについては、戦いの勝敗や平戰両時によつて何ら差異があるはずがないと存じます。これらの人に対しては、すべからく一般の公務災害者と同一の補償

を付与すべきであると存じます。われわれ國民には、新憲法によつて平等で最低の生活が保障されているはずであります。しかるに現在の補償によると、はなはだしい矛盾があり、非合理性があり、不平等が現存していて、これら軍人軍属であつたもの、あるいはその遺族は最低の生活さえ脅かされております。今ここに述べんとする意見は、まさにかかる不合理について指摘し、これら氣の毒な戦事犠牲者の生活を保障し、もつて全國民平等で、不平不満のない明朗な新日本の建設を念願するほか、何ら他意ないのでございます。……（中略）……従来パスが與えられていたのでございますが、これが今日廃止された現状に置かれておるのでありまして、これらについても、特に軍人であるからと言うわけではございません、一般傷痍者を含めまして、公務によりますものをぜひ特別に御配慮願いたいという意味でございます。」（[009／011] 3 －衆－厚生委員会－ 5 号昭和 23 年 11 月 27 日）（山崎（道）委員（当時）発言）（国会会議録検索システム 2016 年 12 月 23 日アクセス）。

〈身体障害者対策に関する決議案趣旨弁明時の発言〉

「……（前略）……まつたく身体障害者の生きる道はいばらの道であります。ことにそれが婦人の場合におきましてはなおさらのことでありまして、婦人の就職授産を特に強調する理由は、婦人といえば結婚を考え、家庭に入つてよき母となることをすぐ念頭に思うのでありますが、それが身体障害者の場合においては夢にのみ許されたもので、容易に果されない希望であり、悲しい宿命であるのでありまして、婦人問題として特に取上げるゆえんであります。このほかに、胸部疾患者あるいは中途失明者等幾多の重要な問題が考えられますが、最後に一言申し上げたいことは身体障害者の家庭の問題でありまして、かたわ者である私自身が、今は亡き母親の慈愛の抱擁の思い出もなまなましい実感なのでありますが、ばかな子ほどかわいく、不具の子ほどふびんが増すということわざは、今になつて初めて私は母の切実な親心であつたことを知るので

あります。まつたく身内に不具者を持つた家族の人たちの非常なる悲しみや御苦労は察するに余りがあるのでありまして、皆様方の御共感をいただけるものと信じます。身体障害者問題は、このように種々さまざまな問題をはらんでいるのでありまして、その家族を含めるとき、実に数百万人の生死に関する重大問題でありますので、皆様方の同胞を思う超党派的な熱烈な御支持によりまして、満場一致で本決議案に御賛成をたまわり、身体障害者福祉法がすみやかに制定されますよう努力をたまわらんことを切に希望いたしまして、私の提案理由の説明といたします。（拍手）」（［041／065］5－衆－本会議－28号昭和24年05月13日）（鈴木仙八氏発言）（国会会議録検索システム 2016年12月23日アクセス）。

エピローグ
——探査機5号"[「ソモソモ」と「深掘り」]"の中で——

〈鳥瞰図〉の中の探査機5号"[「ソモソモ」と「深掘り」]

　一つ目の道"ソモソモ"は、それほど危険ではないみたいなのだが、出口らしきモノがなかなか見つからない。ソレに比べて、二つ目の道での「深掘り」作業は、皆がよく通る道で、安全そうなのだが、実は、さらに危険なのである。なぜなら、二つ目の道は、「答え（らしきモノ）」が見つかったような気にさせるからである。具体的な作業を行っているにもかかわらず、「深掘り」作業は、一生懸命やればやるほど、「探究している私たち」自身の位置を見えないモノにしてしまうのだ。

〈……ミューん……「＆％＠＃」……ミューん……〉

「わかってきたぞ。」
「何が、ですか。」
「ワシたちの位置だ。今の、我々の状態を鳥瞰図的に描けば、ソレは、〈包括的な一つのシステム〉となるのだが、探究しているワシらも、もちろん、ソノ〈描かれている鳥瞰図〉の中に〈位置〉を有しているのだ。」
「えぇー ???」
「分からん奴だなー。本当に分からないの？鳥瞰図的に地球を描いてみろ。宇宙全体だぞ。どうだ。」
「描きましたけど……」
「描いた人、スナワチ、君はどこにいるの？」
「私は、探査機5号の中です。」
「分からん奴だなー。鳥瞰図の中のどこにいるの？」
「あっ!! そうか。」
「そう、トータルなシステムなんだよ。君は、描かれたモノの中にいるのに、外側にいるように感じてしまう。中にいるコト、ソレ自体を、表現にどのように生かすか。」

〈……ミューん……「＆％＠＃」……ミューん……〉

隊長だけは、なんとなく、理屈がわかってきた。とはいっても、「なんとなく」というコトなので、上手く言葉にはできないし、気を緩めると、「自分」と「自分を含んだ対象」との関係が曖昧になってくる。若い隊員と話をしていても、「隊長自身」が、「隊長自身」と「関係としての隊長」が混乱し、イライラしながら、時として、ソレが楽しくなっている。隊長は作業メモを作り始めた。まず、第一に、①「よーし、コノコトを説明してやろう。」、というコトに至るためには、②「ソノ前に、コノコトを理解しなければ。」というコトだ、③「ソノ前に、コレについての論点などを分類して整理しなければ。」だな、④「ソノ前に、ソモソモ、コレが論理的かどうかを点検しないと。」ならないし、⑤「ソノ前に、検討対象としてのコレが明確になっているのかを点検しないと。」ならない、という具合にである。メモを作成し終わったソノ直後、隊長は、〈チョット、待てよ。①説明する等といっても、説明している対象が不明確、②論理的でない、③整理できてない、④前提として理解できない、⑤そのように、諸前提が無茶苦茶な場合でも、もっともらしく、人々に支持されているコトもあるのではないか。⑥理屈は通っていないが、とにかく音声は発生している。約束するという音声は発している。実行するという音声は発している。⑦２０１９年〇〇月時点の、どこかの国の状況に似ているような気がする。〉というコトに気が付き始めた。ソノ直後……。

（探査機５号 "[「ソモソモ」と「深掘り」]" 音声）「ようやく気がついたか。そういうコトなのだ。」
「というコトは、隊長‼ 隊長は、今まで、私たちに色々なコトを見せてきたのですね。」
「自分を振り返りながら、次の世代に試してほしいコトが、探査機５号 "[「ソモソモ」と「深掘り」]" の工程にセットされていたのだよ。ただ、説明の手順にこだわりすぎたかな。」
「私も、隊長の方法を何か試してみます。無事に帰還出来たらの話ですが。隊長は何歳くらいまで生きるつもりですか？スミマセン‼ 間違えました。聞きたかったコトは、隊長が、何歳くらいまで、お生きになられるおつもりで、あられますでせうか？というコトです。」
「何歳までかは分からんよ。ただ、一年に一冊の『本』、あと五冊、少なくとも、あと五冊は、『本』を書きたい。Ｓ文堂さんで。ただ、ソレだけだ。」
（探査機５号 "[「ソモソモ」と「深掘り」]" 音声）「いい話だ。そういうコトなのだ。」

「Ｓ文堂さんじゃないと、ダメなんですか？」

「どうしてか分からんが、Ｓ文堂さんなんだよ。アノ、社屋の二階の雰囲気、いいよぉー。」

(探査機５号"[「ソモソモ」と「深掘り」]"音声)「いい話だ。そういうコトなのだ。」

〈……ミューン……「＆％＠＃」……ミューン……〉

「でも、どうして、隊長は、一生懸命、『本』を書きたいのでしょうか。『本』なんか書かなくても、月給は、一緒だったのでしょ？」

「ワシは、ソレが上手く出来なかったのだ。ついつい、気になって。というか、周りを見ててな、あんなコトやってて面白いのかなー、なんてね。よくまあ、あんなコトに熱中できるなー、なんてね。お互い様だけどね。」

(探査機５号"[「ソモソモ」と「深掘り」]"音声)「いい話だ。そういうコトなのだ。」

(探査機５号"[「ソモソモ」と「深掘り」]"音声)「いい話だ。そういうコトなのだ。」

「音声、壊れていませんか？」

(探査機５号"[「ソモソモ」と「深掘り」]"音声)「いい話だ。そういうコトなのだ。」

〈表現したいコト〉は確かにあるのだが

「じゃ、聞いてみる。君は、一体、何を試してみたいのだ。」

「えーっと、AIは今後の働き方を……。情報化社会の……。よくわかりません。思いつきません。」

「どうして ??」

「やりたいコトはありますが、どうしたら褒めてもらえるのか。ソレをどういう言葉に直せば分かってもらえるのかが、分かりません。」

「君は、先生に褒めてもらうために研究してきたの ??」

「そうかも……。だって……難しいんですよ。」

「今、言ったコトを、ソノママ題材にしてみろ。」

「えっ ??」

「ワシなら、例えば、逆に、こう考えるがな。まず、言いたいコトがあるとして、
　ソレが"味方"にだけ分かって、"敵"にバレないようにするための暗号の作
　り方、というような……。おい、おい、きみ。君は、J. L. オースティン〈言
　語と行為〉なの？」
「よくわかりません。でも、表現したいコトは、山ほどあります。学会でのコト
　もイロイロあるし……。」

〈……ミューん……「＆％＠＃」……ミューん……〉

　頑張っている隊員の様子を観察していると、「表現したいコト（らしきモノ）」
が見つかったように感じられる状態に、確かに、なっている。ただし、ソレは一
瞬である。時間をかけて観察を続けてみると、「表現したいコト（らしきモノ）
を表現するために使用した当初の言葉」を、「他の言葉」に置き換えただけなの
である。コノ隊員の行っているコトは、［取りあえずの「表現したいコト」とさ
れたモノ］の「中身」を構成しているのではないかと思いついた「何らかの対象」
を手掛かりとして、ソレを表現できる言葉を探し、見つかったら、以前のモノと
ソレとを置き換えて、順次、奥に入ってゆくというモノで、「考察」というモノ
ではなく「ことばの置き換え」の連続である。というコトで、この作業は、実践
している充足感はあるものの、アル段階から、自分が、今、どこにいるのかが、
全く分からなくなってしまう。

〈……ミューん……「＆％＠＃」……ミューん……〉

「だから、深掘りは危険なんだよ。」
「深掘りなんか、してません！！」
「スマン。深掘りはしていない。しかし、やっているコトは、ただの、言葉の置
　き換えだ。答えを出しているように見えても、"最初の言葉"の部分に"異な
　る言葉"を置き換えただけだ。」
「でも、考えているんですよ。本当です。考えているんです。」
「じゃ、聞くが、何を考えている？？？」
「私は考えている、肯定文。私は考えていない、否定文。どこが違うのか……。
　考えるって、どうやるコトですか？隊長、私、こんなの、苦手です。私は、問
　題があって、答えが出てくる、そのようなモノが好きです。」
「確かに。確かに、ソレは、考えているようだが……な。ソレは、243985 ×

846382 というような、複雑な計算のような、そんな何かを、ただ、ひたすらに、実践しているだけなんだよ。243985 × 846382 というモノには、問題を作ったソノ時に、コレが正解だという、与えられた答えが既にある。タダ、黙々と作業をするだけだ。ソレも必要だが、ソコでは、考えるコトは実践されていない。良い"問い"とは、"解答を試みる側が考えたかどうか"というコトが判定できるモノでなければならない。もし、大学入試で、このような良い"問い"を作れたとしても、このような良質な"問い"については、バイトで、マニュアルで、採点はできんのだ。」
「でも、文〇科△省の大学入試の×××は、……の方向すよね。」
「ふぅー」

「ソモソモ」と「深掘り」のどちらが楽なのか

　隊長は、自分の研究に関係しているフランス語の「アル単語」を思い浮かべていた。確かに、自分でも、苦しんでいた。しかし、ある時、「あっ、そうか‼」となってしまったのだ。他人に聞かせても、ましてや、『本』に書いても、「ソレがぁー？」というコトになってしまうコトは分かっていた。しかし、隊長にとっては、「ソノ単語」のコトは、今でも、「誰かに話したい」コトなのだ。「ソノ単語」は極めて抽象度の高いモノではあるが、「深掘り」すれば、同じ単語が、1800 年代初頭にも、しかも、「医師への謝礼」に関しての法的紛争に、具体的なモノとして出てくる。そして、「ソモソモ」となってしまうと、1947 年以降の「医師倫理法典（コード）」にも、「ソノ単語」は出てくるし、現代でも、裁判規範に係るコトとして議論されているのだ。ソレが、伝統的自由医療の崩壊過程に関係しているのだ。実際に、ソレが法的紛争に絡んでいる。隊長は、自分自身が、「ソモソモ」と「深掘り」を同時に進行させていたコトは分かっていたが、何しろ、もう高齢者である。

〈……ミューン……「＆％＠＃」……ミューン……〉

「ごちゃ、ごちゃ言うのは、やっぱり、もう、やめよう。君が好きな方法でやりなさい。暗記モノでもいいよ。そのうちに、何か見つかるかもしれないから。」
「見捨てるのですか？」
「いや、遠くから見てるよ。心配するな。ずっと見ているよ。今になって思えば、

ワシは、見捨てられていたような気がするけどな。指導をする立場になった後、どのようになるかは、指導されていた若い頃との関係で、二つのタイプに分かれるモノだ。一つは、自分がやられたイヤだったコトを、更にひどく拡大再生産して、弟子にやってしまうタイプだ。もうひとつは、自分がやられたイヤだったコトは、ココで止めてしまって、イヤだったコトを弟子に味わわせるコトはしない、そういうタイプだ。弟子のコトをトコトン気にかけるワシは、多分、二つ目なのだろう。」

「ありがとうございます。探究したいコトは何なのか？というコトから、自分自身で、誤魔化さずに、流されずに、真剣にやります。遠くから見ててください。」

（探査機５号“[「ソモソモ」と「深掘り」]”音声）「いい話だ。そういうコトなのだ。」

（探査機５号“[「ソモソモ」と「深掘り」]”音声）「いい話だ。そういうコトなのだ。」

「音声、壊れていませんか？」

（探査機５号“[「ソモソモ」と「深掘り」]”音声）「いい話だ。そういうコトなのだ。」

「コレは何だ。イライラ、モヤモヤし始めたぞ。マグニチュード７の地震かぁー？でも、地震があってもコノ次元では関係ないし、……な。というコトは、次元及び時間の移動？ひょっとしたら、ワシらの現在の位置が解明出来るかもしれないぞ。ソコのレバーを頼む。」

「まだ焼けていません。“生”です。」

「違う‼ハンドルの左の、ソレ。」

「申し訳ありません」

〈……ミューん……「＆％＠＃」……ミューん……〉

「やっぱりだ。「ソモソモ」と「深掘り」の瞬間移動だ。よし、ワシの最も得意な領域に来たぞ。ワシは、一人で、なんでも出来るのだ、……と言い聞かせて、っと。」

「隊長は、どちらかというと、“ソモソモ”派ですね。だから、私と、いい組み合わせなんですね。」

「そうかなぁ。ソレの判断は、読者にまかせよう。もうすぐだ、急ぐぞ。まだ、７月16日だ。」

「どうしてですか。ココ、結構好きなんですが。もう少し居ましょうよ。」

「ねばねばサラダ、アジフライ、カレーライス、赤ワイン、チーズ、豚汁……、
　が待っているのだ。」

「お誕生日会、ココでも出来ますが。レバーならありますよ。」

「戻るまで、何もいらん。考えさせてくれ。バレてるかもしれんが、これから先
　の展開に苦労しておるのじゃ。」

「分かる人なんかいませんよ。」

「おっ、おっ!! すごい頭痛。頭が破裂しそうだ。二つのモノは、一つのモノなの
　だ。トータルなシステムなのだ。そうか……。ソレを無理やり区分していたの
　か。そうなってくると、だな。一つも、二つも、そんなモノはない、となって
　しまうかもしれない、んーん、エライコトになってきた。だが、コレに強いの
　がワシなのだ。こんなのが好きなのだ。頭が、爆発しそうだ。よっしっ!!!」

〈……ミューん……「＆％＠＃」……ミューん……〉

一つのモノとしての [「ソモソモ」と「深掘り」]

　[「ソモソモ」と「深掘り」]が一つのモノとしてあるコトに、隊長は気付いた
のである。ただ、気付いたといっても、具体的に、何が、どうなって、というコ
トまでは分からないのであった。〈探査している自分のコトを、頭に描いている
自分がいる。そして、現実の自分は、探査しながら、描いている。〉。隊長自身、
色々と策を練ってきたけれども、マダマダ、核心に迫っていないコトが気にか
かっていた。他方、お弟子さん（＝隊員）は、褒められるかどうかは別として、
自分で探究したいコトを表現してみようと、真剣に考えていた。お弟子さん（＝
隊員）の探究したいコトは、[「時間」を絡めた何か]であった。

〈……ミューん……「＆％＠＃」……ミューん……〉

「現実の自分はココにいる。探査している自分だ。ソノ探査している自分を描い
　ている自分。描かれている自分。そして、描かれている探査している自分を描
　いている自分は現実の自分だ。意識しろ!! 異次元にいるコトを現実として意
　識しろ!! いいかね、今回は、コレで最後だ。今、君に言った私の言葉が、〈私
　の表現したいコト〉と〈構造的なコト〉との面で、どのようになっているのか
　を〈対象〉として、私が描いているというコトなのだよ。」

「はい!!」

「よしっ、見えた。だから、その先の左に、アレがある。」

「というコトは、隊長!!アレですか??」

「そうだ、アレなのだ。いや違う。自然に、無意識的にそうなってしまったが、
　　コレが幸いしたのだ。ワシはすごい。いつも、無意識的にそうなってしまうの
　　だ。」

「どうしてなんでしょうか。うらやましいです。私もそうなりたいです。」

「いいか、よく聞けよ。ワシは、君が、今、知りたがっているコトを手に取るよ
　　うに分かるのだ。君が、しゃべってないのに聞こえるのだよ。君が探究したい
　　ソレは、実際の動態というか……〈時間だろ??〉〈時間だろ???〉」

「その通りです。」

「よし、次の探査だ。家族には内緒だ。」

「出発は???」

「ソノ前に、家に戻らなきゃいかん。2019年7月16日17時30分だ。ジャスト
　　だ。誕生日だぞ。ただいまー、ただいまー。弟子が一緒だけど。ねばねばサラ
　　ダ、アジフライ、カレーライス、赤ワイン、チーズ、豚汁」

あとがき

　私にとっては、成文堂さんは社屋に近づくだけで緊張してしまう空間であった。とはいっても、ソレは5年くらい前までのコトで、今では、「気がつけば成文堂さんにいる」となっている。3階も好きだが、2階の雰囲気が大好きだ。『本』という「形」でいえば、『比較福祉の方法』（2011年）から始まって、『「考え方」で考える社会保障法』（2015年）、『「ありよう」で捉える社会保障法』（2016年）、『「議事録」で読む社会保障の「法的姿」』（2017年）、『「ことば」と社会保障法』（2018年）まで。そして、私の古稀祝賀論文集『福祉社会へのアプローチ』（2019年）上巻と下巻で1400ページ。さらには、『コノ本』（2020年）というコトになるが、それ以上に、言葉では表現できないくらいのお世話になり方であった。

　そして、成文堂さんには本当に自由にさせていただいた。編集を担当してくれた篠崎さんとの「会話」のおかげで、ソノ自由度は増幅し、更に、「なぜ・如何に」と、どんどん展開してしまった。篠崎さんは、私自身が気づいていない「癖のようなモノ」をとても上手に気づかせてくれたし、「形」にする際の「励み」もくれた。日頃考えているコトを「形」にさせていただいた訳だが、コノコトで、私は、抱え込んでいた「不安心理」から、ようやく解放されそうになっている。そのような私は、よせばいいのに、また、「次のコト」を考えている。

　単なる「出来事」は、ソコに留まらずに、「何らかの関係」として表現されるコトになる。とはいっても、ソノ「アル出来事」は、「ソレ以前」は、「アル出来事」ですらなかった。というコトは、「アルコト」・「アルモノ」とは、一体「何」なのだろう？どのようなモノなのだろう？となってしまうのだ。経緯を見れば、「アルコト」・「アルモノ」を

巡っては、一方では「国際的な基準」が出来るなどしながら普遍化し、同時に、ソレとは別に「個別性」が重視され、それらは同時に進行し拡大していく。そのような中で、「社会保障法」研究は、基点的に、そして、視点的に、「どこから」為されなければならないのか。というより、「どこから」為すことで、それらを上手く表現できるのだろうか、となってしまう。このように突き進んでゆくと、どうしても、「今まで書いたモノをまとめて一冊にする」という作業は、"チョットネ" となってしまう。表現を変えると、「今まで書いたモノをまとめて一冊の学術書にする」という作業は、ただ、面倒なだけのコトのように感じてしまうのである。このようなコトを書いたのは、いつも相談に乗ってくださる篠崎さんに、「時間を手掛かりにしてあと一冊」と口走ったコトと関係している。

　コレを書いているのは、福岡県八女市の白壁の町家の奥の仕事部屋である。2月23日（日曜日）から約1カ月間、八女市で「雛の里　八女ぼんぼりまつり」が行われている。私の八女の拠点、白壁の町家「みゅぜ ぶらん 八女」（"みゅぜ ぶらん" とは、フランス語で「白い美術館」・「白い資料館」のような意味）には、昭和25年の「箱雛」と年代不詳の「箱雛」の二組が展示されている。町家の掃除をしながら、ココにコレがあるのはなぜなのだろうなんて、不思議な感覚に浸っている。

　退職するずっと以前から、「退職後、何をしようか」と悩んでいた。縁あって具体化したものが「みゅぜ ぶらん 八女」である。そして、不思議なご縁で、2019年4月から、北九州市社会福祉協議会の社会福祉ボランティア大学校の校長として仕事をさせていただいている。

　振り返れば、ちょうど一年前、毎日のように研究室の片づけでバタバタしていた。泣く泣く、四分の一は処分したものの3000冊近くは学外に運び出した。大半は八女の町家に。とはいっても、北九州市の小倉と戸畑にも何百冊かが残されている。学外に運び出された本は、八女の町家と北九州市のボランティア大学校で大活躍している。

木曜日の午前 10 時過ぎに、北九州市戸畑区にあるボランティア大学校に出かけ、午後 3 時半くらいに八女に移動。月曜日に北九州市の我が家に帰るのが私の日常となっている。そのような日常の中で、まちづくり仲間、飲み仲間がたくさんできた。

　感謝の気持ちの届け先は数え上げればきりがない。ココに至るまで支えてくれた家族、ご縁のあった研究者のみなさん、教育・研究の機会を作ってくれた大学など、そして成文堂さん、等など…。本当にありがとうございました。

　さて、これからどうするか？？？

2020 年 2 月 24 日
「雛の里 八女ぼんぼりまつり」期間中の福岡県八女市の町家「みゅぜ ぷらん 八女」で

著 者 記 す

著者略歴

久塚純一（ひさつか じゅんいち）

1948年札幌市生まれ。

早稲田大学名誉教授

主要著書

『フランス社会保障医療形成史』（九州大学出版会）、『比較福祉論』（早稲田大学出版部）、『世界の福祉』（共編著、早稲田大学出版部）、『乳がんの政治学』（監訳、早稲田大学出版部）、『社会保険と市民生活』（共著、放送大学教育振興会）、『社会保障法　解体新書』（共編著、法律文化社）、『世界の NPO』（共編著、早稲田大学出版部）、『フーコーと法』（監訳、早稲田大学出版部）、『福祉を学ぶ人のための法学』（共編著、法律文化社）、『高齢者福祉を問う』（共編著、早稲田大学出版部）、『比較福祉の方法』（成文堂）、『「考え方」で考える社会保障法』（成文堂）、『「ありよう」で捉える社会保障法』（成文堂）、『「議事録」で読む社会保障の「法的姿」』（成文堂）、『「ことば」と社会保障法』（成文堂）

社会保障法へのアプローチ
　　—方法としての［「ソモソモ」と「深掘り」］—

2020年6月1日　初版第1刷発行

著　　者　　久　塚　純　一

発行者　　阿　部　成　一

〒162-0041　東京都新宿区早稲田鶴巻町514番地
発行所　　株式会社　　成　文　堂
電話 03(3203)9201代　FAX 03(3203)9206
http://www.seibundoh.co.jp

製版・印刷　藤原印刷　　　　　　　　製本　弘伸製本
☆乱丁・落丁本はおとりかえいたします☆　検印省略
©2020　J. Hisatsuka　Printed in Japan
ISBN978-4-7923-3398-0 C3032

定価(本体2900円＋税)